［新版］セルフラーニング
どの子にも学力がつく

平井雷太
すくーるらくだ主宰
「らくだメソッド」開発者

まえがき

テレビゲームに熱中するわが子を見ながら、「勉強もこのくらい一生懸命にやってくれたら」と思わない親はいないでしょう。どんなに世の中が変わろうとも、わが子の勉強の出来不出来に一喜一憂するのが親だからです。

かりに「うちの子は勉強よりも遊びだ」という親がいたとしても、わが子がいまより勉強ができないようになることを望んでいる親はいないのです。ですから、本心ではどの親もわが子が勉強好きになってほしいと願っていると考えてさしつかえないでしょう。

では、いったいどうすれば子どもが勉強好きになるのでしょうか。

子どもが自分からすすんで勉強をする場合と、親から言われてイヤイヤ勉強をする場合とでは、同じ時間机に向かっていても、自分からすすんで勉強する場合のほうが高い学習効果が得られることはいうまでもありません。

にもかかわらず、多くの家庭では連日のようにわが子に「勉強しなさい」を連発し、わざわざ勉強がきらいになるように仕向ける結果になっています。これはなにも家庭ばかりの問題ではありません。学校でも同様です。子どもが勉強ぎらいになることを願っていないにもかかわらず、学校に行くことで勉強ぎらいになる子どもが大量発生しているのです。家庭でも、学校でも、子どもたちのためによかれと思ってやったことがこんな結果を生んでいます。

子どもにいやがることをむりやりやらせる。こんなやり方では高い学習効果が期待できないことを百も承知していながら、なぜこんな不合理なことをしつづけてきたのでしょうか。

その背景には、「子どもは言われたことしかしない。まして、自分からすすんで勉強するなんて考えられない。だから、叱咤激励しなければだめなんだ」そんな考えがあるように思うのです。日々、自分の子どもを目の当たりにしながら、「私だって勉強がきらいだった」と自分自身の体験をそこに重ね合わせて、そう考えてしまう。

しかし、はたしてほんとうにそうなのでしょうか。ほんとうに、子どもは大人に言われなければ勉強しない存在なのでしょうか。

その思いが、結果として「すくーるらくだ」での実践になりました。すくーるらくだに来るお母さんには、「らくだのプリントやったの?」「今日はらくだに行く日でしょ」との二つの声かけをしないことをお願いして、「押しつけない・強制しない・命令しない」指導を実践したのです。

その結果、本人の自主性にまかせるという放任型の教育でもなく、子どもは放っておいたら自分からすすんで勉強するわけがない、だから力ずくでも勉強をさせなくてはいけない、という強制型の教育とも違う方法ができていったのでした。それが、この本に書かれている**「セルフラーニング」**という学び方です。

セルフラーニングという学び方の特徴は**「自分の学ぶものは自分で決める」「できる・できないを考えず、とりあえずやってみる」「目的を持たずにただ、やり続ける」**の三つです。

子どもはだれでも「勉強ができるようになりたい」と思っているという認識の上にたって子どもとかかわれば、子どもに学習を強制するという失礼なことはできなくなります。勉強を強制すれば、子ども自身の学びたいという意欲の芽を摘み取る結果になります。強制することで、子どもは勉強とは自分からするものではなく、人から言われてやらされるものだとさえ思ってしまうのです。

強制でも放任でもない指導だからこそ、子どもが自分からすすんで学習するようになる。テレビゲームに熱中するように勉強するようになる。だから結果として確実な学力が育ってしまう。そんな現実をひとりでも多くの方に知っていただけたらと、この本を書きました。

皆様の忌憚のないご意見をお聞かせいただければ幸いです。

もくじ

もくじ

装幀・イラスト　平井　有太

第一章　セルフラーニング・どの子もすすんで学ぶ

「うちの子は全然勉強しなくて」と困りはてたお母さんが連れてくる子どもも、私の教室ではじつによく勉強するのです。

セルフラーニングの「らくだ学習法」によって、なぜ子どもが自分からすすんで勉強するようになるのか（お母さんに言われていやいやでなく！）について、お話します。

1　子どもはだれでも「勉強ができるようになりたい」と思っている
2　どの子もすすんで学ぶようになる
3　セルフラーニング「らくだ学習法」の進め方
4　時間をはかることの意味
5　「セルフラーニング力」を育てる学び方
6　「押しつけない・強制しない・命令しない」学習法

1. 子どもはだれでも「勉強ができるようになりたい」と思っている

●「親の目」は正しくない

私の教室には、さまざまな方が相談にみえます。

「うちのA子（小二）は、全然意欲がなくて困っているんです。学校から帰っても、外に遊びに行きません。友だちが誘いにきても、行かない。『お願いだから、外で遊んできて』と言っても、妹（幼稚園）の友だちと遊んでいるほうがいいみたいで……。おとなしすぎて心配です」。

かと思えばこんな方もいました。

「B夫（小四）ときたら、勉強にまるっきり興味がないんです。テストで0点とれば、ふつう恥ずかしがるでしょ。なんともないんです。私なんか悪い点とったら、親に隠したもんですけど、顔色ひとつ変えません。何も感じないんですね。どうしたらいいんですか。こんな子でも、ここに通えばすこしはやる気になるでしょうか」。

「私の仕事が忙しいので、同居している祖母にC太（小二）をみてもらっていたのが原因だと思うのですが、何をやらせてもグズなんです。頭は悪くないと思うんですけど、テスト、時間内に終わったことがありません。うちでやれば全部できるのに、学校では、半分もできません。遅い、とにかく遅いんです。一問まちがえますでしょ。ていねいに消しゴムを使って、ゆっくり消して、見ていていやになっちゃう。毎朝、『早くしなさい』『早くしなさい』の連発で、もう疲れました」。

＊

教室を始めた最初のころ、私はお母さんの話をうのみにしていました。お母さんから見れば、たしかに子どもが「意欲がないように」「勉強に興味がないように」「グズに」みえるのでしょう。しかし、そう言われている子どもを見ていると違うのです。そうは見えません。親が言うような問題の子どもではないのです。

●子どもにレッテルを貼るのはよそう

そのことに初めて気がついたのは、一九七九年八月にスイス・サマースクールに参加したときでした。某旅行会社の企画で、小四から高三まで約三〇名を一つのグループにして、スイスの同一地域に三週間滞在し、地元の人たちとの交流も図るというプログラムにリーダーとしてかかわった折りの体験です。

出発前、空港に来ていた京都に住む一人のお母さんから、こんな依頼を受けました。

「うちの子ども（中三）をお願いしたのは、この夏日本においておくと、危なくてしかたないからです。近所の非行グループに誘われるんじゃないかと、心配で目が離せなくて……。万引きと恐喝未遂で二度、警察のやっかいになって、もう一度やったら、少年院なんです。どうかくれぐれも問題を起こさないように、よろしくお願いいたします」。

この子どものことを思い出したのは、スイスに着いて三日目でした。そういえば、あのお母さんが言っていた子どもはどの子だったかと、名簿を見てみました。

京都からの参加者は一人。K君にちがいないのです。しかし、K君は小学生の面倒をじつによくみる親切なやさしい少年。どう考えても、お母さんがおそろしがるような子どもではありません。ついにスイスにいる間中、何ひとつ問題を起こしませんでした。そればかりか、小学生たちの大の人気者だったのです。

日本に帰って、その事実をお母さんに伝えても「まさか、あの子がそんな……」と言っただけで、信じてもらえませんでした。いる場所が異なるだけで、なぜ、こんなに子どもが変わってしまうのか不思議に思ったのですが、考えてみれば当然のこと。「この子は不良だ、放っておいたら何をしでかすかわからない」という周囲の期待にこたえて、京都に帰れば相変わらず不良の役をやりつづけていたからです。

このK君との出会いは決定的でした。スイスと京都で、まるで違う二役を演じるK君を見ながら、K君が異常なのではなく、K君のように相手に合わせて違う自分が出ることこそ自然な現象、当たり前のことだと思うようになったからです。

相手に合わせて自分をどう使いわけるかということは、大人ならだれでもいつでもしていることです。夫婦であれば、夫が妻に対して見せる顔と近所のおばさんに見せる顔、会社での顔は違っています。妻にしても同様です。夫に対して見せる顔と、夫の会社の上司、息子の学校の先生に見せる顔はみごとに違っているでしょう。夫婦が二人で話しているところに、第三者が加わるだけで、夫婦だけでいるときの関係とも変わってしまいます。

そんな当たり前のことに気がついたことで、子どもに対する見方が変わりました。お母さんから聞いたその子の話と、私の教室に来ている目の前にいる子どもがあまりにも違うことに驚かなくなりました。また、お母さんの語る子ども像にふり回されなくなりました。

お母さんから見れば、自分の子どもが「意欲がないように」「勉強に興味がないように」「グズに」しかみえないのでしょう。しかし、現実は違うのです。「意欲がない子ども」も、「勉強に興味がない子ども」も、「グズな子ども」も、一人もいないのです。お母さんから、「意欲がない」

「勉強に興味がない」「グズだ」とレッテルを貼られてしまったにもかかわらず、どの子もその子なりに意欲的に生きているのです。ただ、お母さんの描いている状態に達していないというだけです。

最初の、「この子は意欲がない」とお母さんが決めつけているA子ちゃんにしても、家の中で遊ぶ「意欲はある」わけです。にもかかわらず、このお母さんは外で遊ばない子は元気のない子、意欲のない子と決めつけていたのです。

授業参観でも同様です。親の期待にこたえて積極的に手を上げないからといって、意欲がないわけではありません。みんながわかっているのに、「そんなときに手を上げたって」と、思っているのかもしれません。答えはわかっているのに、みんなのように手を上げないというのは、「手を上げない意欲」があると思うのです。しかし、このお母さんには、決してそうはみえません。

勉強にまるっきり興味がないとお母さんが思っているB夫（小四）も、学校には毎日行っているようですし、私の塾でも「ちょっと、どんなものかためしにプリントやってみる?」と聞けば、「うん」というのです。なぜ勉強に興味がないようにみえるのでしょうか。

お母さんからグズだと言われるC太（小二）にしても、性急なお母さんと比べてグズというだけで、彼なりの時間で生きているのです。プリントをやっても、何回かくり返せばほかの子どもと同じ時間でできるようになりますし、特別遅いわけでもありません。ただ、いつも「早くしなさい」とせかされるため、せかされるまでやらないくせがついただけなのです。

●押しつけなければ「やる気」が出る

私の教室に子どもを連れてくるお母さんは、ほとんどの場合「勉強ができなくて」「授業がわからなくて」「うちで全然勉強しなくて」と、なんらかの悩みをもって訪ねてくる方がほとんどです。「友だちが来ているから、ぼくも塾に行きたい」と言って、やる気マンマンで来る子どももなかにはいますが、ごくわずか。そんな現状のなかで、「子どもはだれでも『勉強ができるようになりたい』と思っている」と、お母さんに話したところで信じてもらえるわけもありません。

ですから、お母さんにはこう話すようにしています。

「私の教室では、本人の意志を確認して入会を受けつけていますので、いくらお母さんが『入れたい』と思っても、本人が『やってみたい』と言わないかぎり、入会は受けつけていませんのであしからず」と。

子どもにはこう話します。

「ここに何枚かプリントがあるから、自分でこれならできそうだと思うプリントやってみない？　ためしにやってみれば、ここの学習がどんな内容かわかるよ。この教室に入るか入らないかは、それから考えたらいいと思うしね。いま、プリントをやったから、必ず入らないといけないということはないからね。先生のほうで無理に入りなさいとは絶対に言わないし……」。

こんなふうに話したあとで、子どもを見ていると、自分に合ったちょうどのプリントを選びます。おそらく子どもが学習をいやがるというのは、学習の内容がむずかしすぎるかやさしすぎるかのいずれかが原因になっているのでしょう。それも、押しつけられて学習するのですから、せっかくのやる気もなくなってしまいます。いままで、実際にこう話してみて、「やりたくない」と言った子どもは数人しかいませんでした。

しかし、やったからといって安心できません。お母さんといっしょに来ている手前、お母さんの目を気にしてやったのかもしれません。やらないわけにいかなかったのかもしれません。そこでさらにこうつけ加えます。

「『自分でよーしやってみよう』と思ってやれば、どんどんできるようになるけど、『こんなのやるの、いやだなあ』と思ってやれば、やってもあまりできるようにはならないから、気がすすまないときには、無理して塾には入らないほうがいいよ。いやだなあと思うときは入会するのに適当な時期じゃないんだから、もう少ししてからまた来ればいいよ」。

実際にプリントをやってみた子どもで、すぐには入らなくても、家に帰ってから考えて一週間後、一ヵ月後に入った子は数人いますが、こう言われてほんとうに入会しなかった子どもは、いまのところ二人しかいませんでした。

そして、このようにして私の教室に入った子どもを見ていると、じつによく勉強するのです。勉強を「押しつけない・強制しない・命令しない」をかたくなに守りながら、子どもが希望する枚数の宿題をあたえているのですが、どうしてこんなに宿題をほしがるのかというほど、ほしがる現実に日々驚きます。

だからこそ思うのです。**「子どもはだれでも『勉強ができるようになりたい』と思っている」**と。

しかし、いま、現実に目の前にいるわが子を見れば、「とうていそのようには思えない、何をばかなことを」というお母さんの声が聞こえてきそうです。「どうすれば、この子どもは勉強をするようになるか」「どうすれば勉強が好きになるか」「どうやって勉強への意欲を起こさせるか」と、苦心さんたんしているお母さんには、こんな話は夢物語に聞こえるかもしれません。

しかし、私の教室にやってくる子どもの数が飛躍的に増え、同時に学力が確実についていったのは、私が「子どもはだれでも『勉強ができるようになりたい』と思っている」と確信した時期と一致しています。

勉強を**「押しつけない・強制しない・命令しない」**のやり方を徹底したことで、私の塾では「子どもに宿題をやらせる学習」から、「子どもが自分からやる学習」になったのでした。

2. どの子もすすんで学ぶようになる

●どうして学力が育たないのか

日本人であればだれでも日本語が話せるようになります。しかし、計算や漢字に関してはそうではありません。なぜそうなのかを考えてみるとわかってくることがたくさんあります。

理由はかんたんです。だれでも日本語が話せるようになったのは、日本語を話せるようになるまで、だれからも日本語の学習を「押しつけられ、強制され、命令される」ことがなかったからです。そんなことをされた人はひとりもいなかった、だから気がついたときに、だれでも日本語が話せるようになっていたのです。

つまり、日本語ができるようになるまで、だれにも学習のじゃまをされなかったからなのです。

だから、日本語を学ぶことが苦痛にならなかったのです。

人間であればだれでも、自分が出会った物や人に影響され、それらの物や人から貪欲に学習していく力をもっています。にもかかわらず、勉強することを無理じいされると、そのことによって学ぶ力が減退していきます。

ですから、だれでも日本語が話せるように計算や漢字ができるようになるためには、「押しつけない・強制しない・命令しない」指導をおこなえばいいのです。しかし、日本語にしても何もしなければ話せるようにすらなりません。自分のまわりで日本語を話している人がいるから、その人たちの声を聞いているおかげで、気がついたときには話せるようになっているのです。

さらにいくら日本語が話せるようになるといっても、どの赤ちゃんでも同じ時期になれば、だれでも話せるようになるかといえばそんなことは決してありません。赤ちゃんがことばを発するようになるまで、かなりの個人差があることは周知の事実です。早い赤ちゃんであれば一歳位からことばを発するようになりますし、極端に遅い子の場合には、三歳になってもひとことも発さないことだってあるのです。

またいくら本を読んでも、それだけでは決して漢字が書けるようにはなりませんが、それはなにも漢字の学習にかぎったことではありません。英語に関しても同様です。英語をいくら訳せても原書をいくら読めても、だから英文が書けるかといえばそんなことはないのです。アメリカ人でさえ、英語が話せても、新聞が読めても、ふだん書きなれていない人が英文を書けば綴りのミスはひどいのです。ですから、英文は自分で書かないかぎり決して書けるようにはならないのです。かといって、中学でやっている英語といえば、翻訳・文法中心の暗号解きのような英語です。英文を書くといっても、各レッスンの最後にある申しわけ程度の英作文。こんな英語をいくらやったところで、使える英語が身につくわけもないのです。

算数・数学にしても、計算法則をいくら参考書で理解したところで、実際の計算がスラスラできなければ、それを使いこなすことはできません。

このように、算数・数学では計算、国語では漢字、英語では英文を書く、この三つに関しては、プリントを使って反復しなければ決して身につかないことなのです。

これらのことに関しては、いくら名人教師が名授業をしたところで、授業に参加しているだけでは、決して身につきません。手とり足とり親切に教えてもできるようにはならないのです。いや、親切にすればするほど、人に頼らなければできなくなってしまうのです。つまり、教師に頼らず、子ども自身が自分からすすんで、自分で決めたことを自分の手を使って学習することによって、ほんとうの力が身についていくことに気がついたときから、私の教材開発は、**「セルフラ**

ーニング」（自分で決めたことを自分で実現する学習法）を可能にする教材の完成をめざすようになっていったのでした。

●必ずできるようになる「らくだ教材」

私がセルフラーニングの教材をつくろうと思ったのは、自分の息子がきっかけでした。長男有太は当時四歳、保育園に通っていましたが、すべてについてスローな子どもで、このまま学校に行くようになっても、授業についていけないだろうとの予測がたちました。場合によっては、学校に行かなくなることもあると判断し、いつ不登校になってもいいように、私にできる範囲のことで、この子にしようと思ったことが、その後、セルフラーニングの「らくだ教材」の制作につながっていったのです。

息子が四歳のときから、教材をつくりはじめ、「こんなのわからない」「できない」と泣き叫ぶたびに教材をつくり直し、工夫に工夫を重ね、教師が一切口出ししなくても、独力で解いていける教材、一切教えなくても自分で解いていけば自然にできるようになる教材を開発したのです。

有太がいなければ、この教材が生まれることは決してなかったでしょう。有太のために一枚の教材をつくったときから、私はこの教材制作から下りることができなくなってしまったのです。

いつ息子が不登校になっても困らないように、学校に頼らなくてもすむようにつくりはじめたのですから、途中で私が教材制作を断念することはできなかったのです。教材をつくることをやめることは、息子の教育を断念することを意味していました。学校にまかせられないと思ったところから、すべての責任が私の肩にかかってしまったのです。

なぜ、こんなに面倒なことをやりはじめてしまったのかと、途中何度後悔したかしれません。しかし、「お父さん、今日やるプリントないの？」と有太に言われれば、つくらないわけにいかなかったのです。そのおかげで、気がついたときには、小学校・中学校合わせて、約三六〇枚のプリント教材ができていました。

それが、セルフラーニングの「らくだ教材」だったのです。

そのころには、息子の学ぶ様子を見て、近所の子どもが一五人ほど、私のところに通って、いっしょにこの教材で学習するようになっていました。

私が住む三ＬＤＫのマンションの一〇階の六畳一間で始めた教室も、口コミだけでアッという間に生徒が六一名になり、近くにビルを借りて移転したのが、自宅で息子以外の子どもに教材を使うようになってから、約二年後。そのビルは九坪のスペースでしたが、そこも二年で生徒が一六〇名になって、駒込駅前の二〇坪のところ（東京都文京区・山手線、南北線駒込駅から徒歩一分）に移りました。移ってから二年後の一九八九年、生徒は二五〇名を超えていました。

その間ほとんど宣伝らしい宣伝もしないできたのですが、生徒が増えつづけたのは、**この教材で学べばだれでも「必ずできるようになった」**からなのです。

私の教室「すくーるらくだ」に通う子にはさまざまな子どもがいます。授業に全然ついていけない子どもから、学校の授業がやさしくてしかたのない子までいますし、学校の種類も私立、国立、公立とさまざま。学校に行っていない子どもも、障害をもっている子どもも、外国の方も、留学生も通っています。そればかりか大人の方もたくさん学んでいます。

年齢も決めず、地域も決めず、来る者は拒まずという姿勢でかかわった結果、地域にしても、遠くは茅ヶ崎市、稲城市、所沢市、松戸市、市川市と広がって、東京、千葉、埼玉、神奈川、茨城と一都四県にまたがってしまったのでした。

すなわち、どんな子どもが通ってきても確実に実力をつけることができる教材だったのです。

「すくーるらくだ」に来る子どもには、どの子にも言いました。

「ためしにプリントをやってみないとどんな学習のやり方かわからないから、とりあえず一枚だけやるけど、もし、やりたくなかったら入会しないほうがいいよ。やる気がなくてやっても、大して力がつかないからね。自分でほんとうにやってみたいと思えば、入れば？」と。

辞めたければ辞めてもらっても、また何年かして入会する子どももいますし、受験勉強の間だけ数ヵ月休んでまた復活する子どももいます。学習するかどうかは、ほとんど子どもの意志に従っているだけなのですが、生徒は増えつづけているのです。

こんな学習システムがいまだかつてあったでしょうか。これを私は**「セルフラーニングによるらくだ学習法」**と呼んでいるのですが、「らくだ教材」を開発したおかげで、私が子どもの能力をのばそうとしなくても、子ども自身が自分の力で自分自身の能力を高めていくことができるシステムになってしまったのです。

学習を子どもに完全にまかせたことで、「先生はあてにはならない」「自分自身がいいかげんに学習してもそのことを責める先生がいない」「だれも管理しないなかで自分のことを自分で律していかなければ学習が続かなくなる」ということに気がついた子どもたちが、自分からすすんで学習するようになったのです。

3. セルフラーニング「らくだ学習法」の進め方

●A子さんにとっての「セルフラーニング」

初めて「すくーるらくだ」に来た方には、A子さんが学習したプリント（図1参照）を使って説明しています。

A子さんが「すくーるらくだ」に来たのは、中学二年の三学期、一月一九日でした。小六以上の場合には、ためしに小五相当の異分母分数の加減のまとめのプリントをやってもらうのですが、A子さんは目安時間の一五分を過ぎても、全体の三分の一も終わっていませんでした。採点しても、できているのは半分程度。

こんな状態でも、いくつか答えは合っているのですから、分数計算のやり方は知っているのです。数学の通信簿は3。ほかの科目はすべて4か5なのに、数学だけはどんなに勉強してもできるようにならないというのです。

そこでA子さんにこう説明しました。

「いま、これしかできないのは全然恥ずかしいことではないです。むしろ、いくら勉強しても数学ができるようにならない理由がわかったのだから、安心して下さい。ここに来たほとんどの人が、小一のまとめからスタートして、各単元のまとめをやっていくのですが、どこかでつまずきがあればそこをていねいに学習するというやり方をとっています」。

そこで、小一のまとめをやってみたのですが、合格しません。小一の単元の最初から学習をスタートし、小一の単元を終了するのに一〇日の日数を要しました。その後の経過はつぎの通りです。

小一相当（二四枚）　一〇日で終了　　小二相当（三六枚）　七日で終了
小三相当（三八枚）　七日で終了　　小四相当（四一枚）　三〇日で終了
小五相当（四四枚）　二〇日で終了　　小六相当（三一枚）　七日で終了

たいていの場合、小一は一日でクリアしますので、A子さんはたし算のよこ式（暗算）がスラスラできていなかったことになります。かといって、小二・小三でも難航するかといえば、そこはかんたんにクリア。小四のわり算（÷2ケタ）と約分、小五の異分母同士のたし算で多少てこずって、すくーるらくだに来て初めてやった小五のプリント（分数加減のまとめ　図1参照）が目安の時間でできるようになるまで、二ヵ月と一週間を要したのでした。

この後も学習は順調に進んで、A子さんが中学三年の終わりになるころには、学校で習うちょっと先に進むようになっていました。高校に入学してからもすくーるらくだをやめることなく学習を続け、高一の三学期にはついにクラスで一番になり、苦手だった数学が得意科目になって、

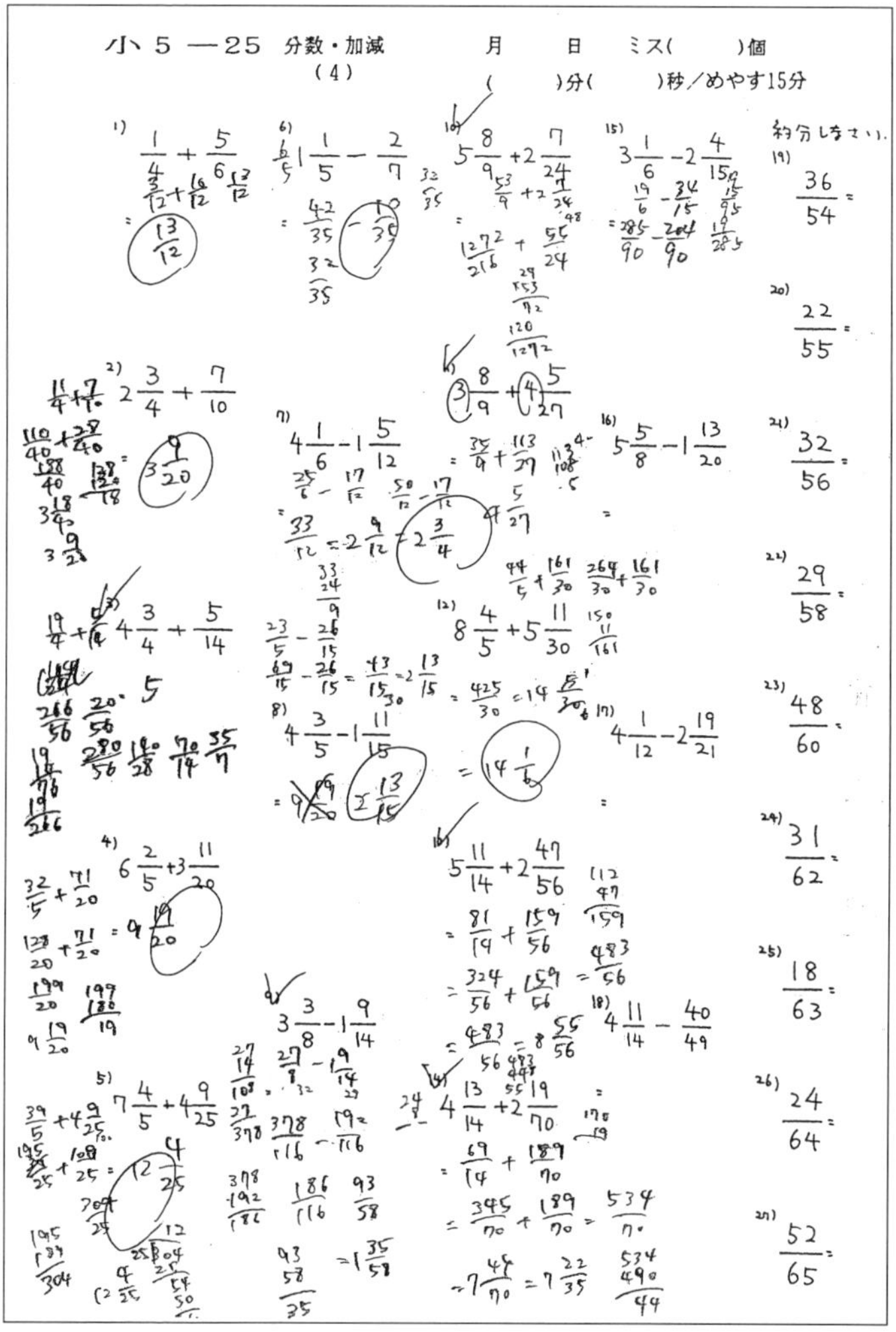

図１　A子さんが学習したプリント「分数加減のまとめ」(小5−25)

理系のクラスにいるとのことでした。A子さんは、高三になるときにすくーるらくだをやめましたが、やめるにあたって、A子さんにとって「らくだ教材を使っての学習」は何であったのかをつぎのように書いています。

●A子さんの感想文

「私にとってのセルフラーニング」

私がこの「らくだ」に入会したのは中二の冬でした。入ったきっかけは、やはり数学が苦手だったからです。塾へは行っていたものの成績は上がらず、それどころか少し難しい問題だと先生の説明を聞いてもちんぷんかんぷんでした。そんなある日、このすくーるらくだのことを聞いて、両親と相談した結果、もう一度基礎からやってみようと決意したのです。

初めて先生のところへ行って驚いたことは、小学校の分数をやらされたことです。やってみたものの、目安の時間は大幅に過ぎてしまい、この一枚のプリントを時間内にやり終えるなんて到底無理なことだと思いました。

でも、それはまちがいだったのです。小学校一年でやるたし算からやりなおし、数ヵ月後にもう一度同じ分数のプリントをやってみると、目安の時間でできるようになっていました。ほんとうに不思議でした。

それから中三になったものの、プリントはまだ小学生の範囲でした。少しでも早く進みたいと思った私は、毎日必死で宿題をやりました。夏休みには宿題をたくさんもらってがんばったせいか、受験のころには中三で勉強する三平方の定理まで進むことができました。

受験が終わったいまでも続けているのは、数学が得意になったということと、普通の塾に行くよりもらくだのほうが自分に合っているとわかったからです。

私が塾へ行っていたときは、自分で解くということをしないでただ毎日先生の説明を聞き、できるようになったと錯覚していただけだったのです。

そして、らくだに入会しプリントをやっていくうちに、毎日積み重ねていくことと問題を解く粘り強さが身についたように思われます。このようなことをしていくうちに、自分はやればできるんだという自信がつき、いまでも続けているというわけです。また数学でミスはほとんどなくなり、それどころかどの教科においてもミスをするということがなくなりました。

私もやはりやるのがおっくうになったり、いやだなあと思うことだってありましたが、できるようになるには自分が毎日一枚ずつでもやらなければいけないんだと思うと、自然に机に向かってプリントをやっていたのです。

A子さんの原稿を読んだあとで、またいろいろ聞いてみました。

「らくだに来る前は、いつから塾に行っていたの？」

「小五のときからです。小六までは学校の教科書にそった塾で、中学から進学塾に変わりました」。

「数学ができない、苦手だってことに気づいたのはいつごろ？」

「中学一年になってすぐ、正負の計算からです。正負があいまいでいつも六〇点くらいしかとれなかった。いくら勉強してもわからないから次第に数学がきらいになって、そのうち手がつけられなくなって……」。

「でも、塾には行っていたんでしょ。塾に行っても数学ができるようにならなかったのはどうして？」

「ほんとうの基礎からはやってくれなかったからだと思います。わからないところはそのままにして進んでしまう。先生の説明を聞いたときは、できた、わかったと錯覚しても、何日かたつとできない。その繰り返しでした」。

「らくだをやってみて、A子さん自身がここが苦手だったと思ったところは?」

「小一のたし算をやってから、指を使わなくなりました。たし算で感覚的に数を出せるようになったんです」。

「そうか。小一相当のところを通過するのに一〇日かかっているから、これはかなり苦手なところだったのかもしれないね。ほかには?」

「一番たいへんだったのは、約分のところ。分母と分子が何で割れるのか、すぐにはわからなかった。初めは小さい数で割っているうちに、一回で割れるようになりました」。

「いつごろから、学校の数学もわかるようになってきたの?」

「中三の二学期後半からです。むずかしくて前だったら投げていたような問題にも挑戦するようになっていました。とくに三平方の定理を学校でやったときには、らくだですでに終わっていたので、授業がすごくよくわかり、私だってやればできるという自信がついていました」。

「ほかに、らくだで学習してよかったことは何かありますか?」

「プリントをやっていてわからないことがあっても、先生はいつも『答えを見て自分で考え、それでもわからなければまた聞きに来なさい』と言っていたでしょ。だから、自分で考えるようになったと思うんです」。

＊

だれでもA子さんのように進むわけではありません。彼女の場合は、一日三枚のペースで学習しましたから、二ヵ月と一週間で、小五のプリント（分数加減のまとめ）をクリアできたわけで、もし、一日一枚しかしなければ、半年。二日に一枚しかしなければ、一年かかったというわけなのです。

しかし、すくーるらくだでは、先に進むこと、枚数をたくさんやることを目的にしていません。これはA子さんが、自分からすすんで学習したたまたまの結果なのでした。

●らくだ学習法はまず算数から

初めてすくーるらくだに来た場合には、小六以上の生徒であれば、小五のプリント（分数加減のまとめ）をやってもらいます。小五以下の場合には、自分の学年より一学年下のまとめのプリントか、小一のまとめのプリントのいずれかを選んでもらってためしにやってもらうのです。

時間をはかりながらプリントにとりくみ、終わったときにストップウォッチをとめて、その時間をプリントに記入します。つぎが採点です。もう一枚同じプリントを持ってきて、そのプリントの裏にある解答を見て採点し、ミスの数をプリントに記入。点数はつけません。まちがえた問

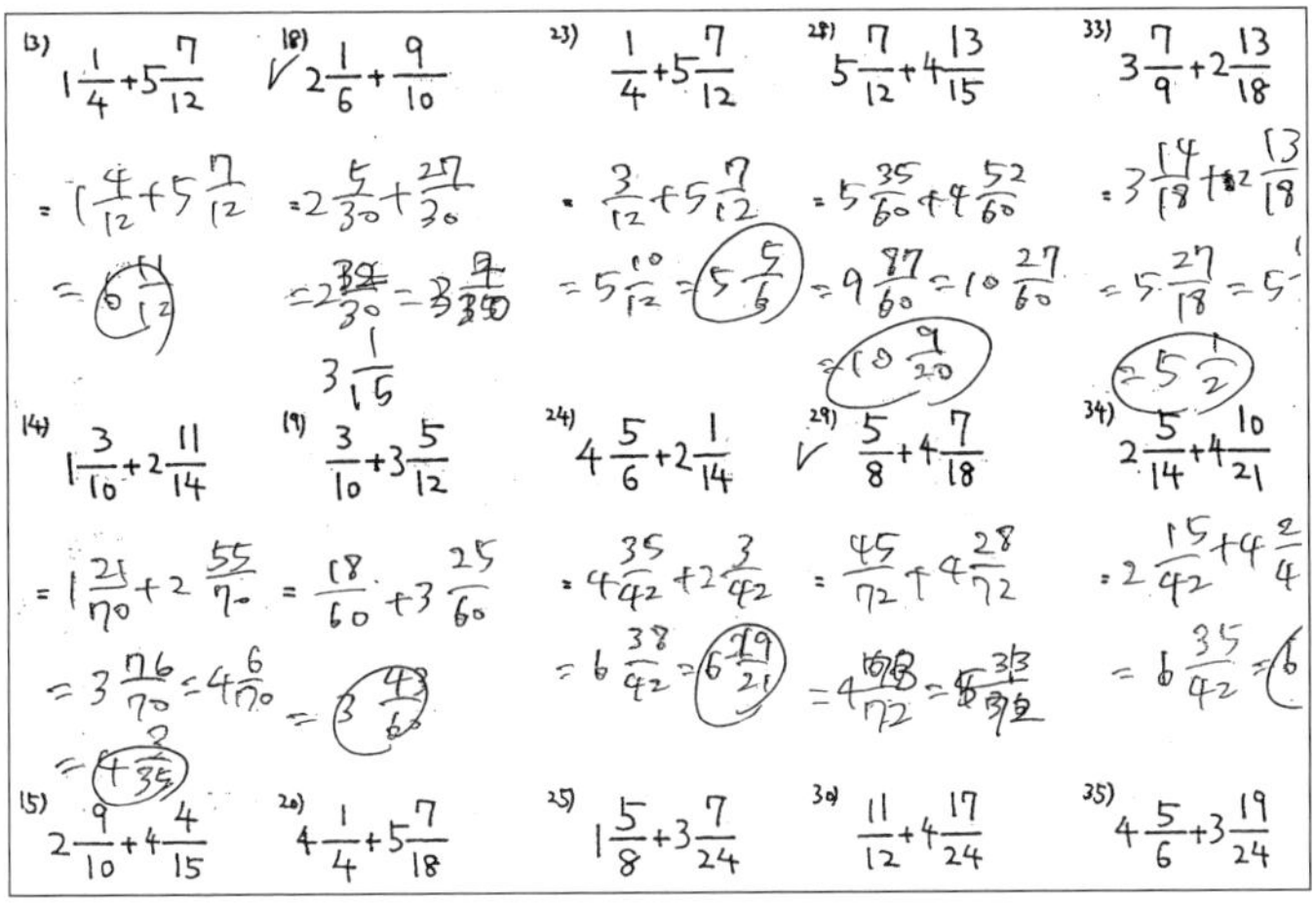

図２　プリントを自分で採点する

題を、答えを見ずに直します。

このとき、だいじなことは消しゴムを使わずに直すこと。たとえば、図2のように、まちがえた部分を上から赤で書き直すのです。そして、まちがえたところをすべて直してから、また採点し、全部が正解になるまで続けます。

ほとんどの場合、ためしにやってみたプリントで合格することはないのですが、とりあえず小一のまとめを進めて、もう一度様子を見ます。かんたんに合格すれば、途中のプリントを飛ばして、各単元のまとめだけを学習します。また、小一のまとめで負担が大きそうであれば、もう少しやさしいところにもどって学習するという具合です。

そして、子ども自身に聞きます。

「だいたい学習のやり方はわかったでしょ。毎日二〇分ぐらいの学習になるのだけれど、一日何枚くらいならできそう？　宿題はどこをやるか、何枚やるかも全部指導者と相談のうえ、自分で決める。やってこなくても怒ったりはしないし、自分のペースで勉強すればいいんだよ。でもね、お母さんに勧められたから入るとか、やりたくないけどしかたないとかいう気持ちだったらやらないほうがいいよ。やる気でやると力になっていくけど、いやいややっても、なかなか力がつかないからね」。

この入会時の確認がひじょうにだいじなのです。子どもによっては、お母さんに言われてやりたくもないのに、いやいや教室に来ているのかもしれません。そのままの状態で、やりたくもないのに塾に入れられたという思いが残っては、後の学習にさしつかえます。ですから、すぐに「やりたい」と返事ができない子どもの場合には、「ためしに一週間分の宿題をもって帰って、もし、やれそうだと思ったら、来週返事をくれてもいいよ」とか、「ほんとうに、また勉強したいなと思ったときに、来たらいいからね」と、言ったりします。

とにかく、入会は本人の意志であることを確認しないかぎり、入会を受けつけないようにしているのです。

●宿題を自分で決める

さて、「やってみたい」という子どもの場合に、記録表（図3）の書き方を教え、宿題の交渉に入ります。

一枚一枚のプリントには、目安の時間が示されていますから、その目安の時間とミスの数を見て、このプリントをもう少しくり返すか、先に進むかを子ども自身と相談して決めます。合格の基準を目安の時間台、すなわち目安が三分とプリントに記載されている場合、三分五九秒までにできれば、合格というわけです。そのとき、ミスは三個以内が原則です。

プリントをやり終え、採点と訂正をした後で、この時間とミスの数を記録表に記入することが、この学習でもっとも重要な作業になります。というのは、この学習法はプリントをやることが一番の問題ではないからです。**どのプリントをやったらいいのかを自分で判断できるような力を育てること（生徒一人ひとりが先生になる）**を目的にしているのですから、この記録表への記入は重要です。それをしていなければ、どのプリントを何枚やってくるという判断ができなくなってしまうからです。

記録表への記入をいつも忘れる子どもがいます。そんな子どもは、ほとんどの場合、プリントをやることだけに関心があって、結果に関心がないのです。そんな子どもにかぎって、「つぎはどうする？　どのプリントをやる？　宿題は何枚？」と聞いても、「わかんない。なんでもいいよ」と言うのです。自分の学習になっていない証拠です。

何のためにこのプリントをやっているのか、なぜ時間をはかっているのか、採点し、まちがえた問題をなぜ全部合うまで直すのか、その意味さえよくわかっていません。セルフラーニングになっていない、その子の学習になっていない証拠です。ですから、まずこの記録表への記入を何よりも重視しているのです。

この記録表に書かれた情報をベースにして、私と子どもが話し合って、どの程度のレベルの宿題を何枚もって帰るかを納得のうえ、決めていくのです。

この記録表で、左側の記入部分に教材をやり終えるのにかかった時間とミスの数を記入する欄は、次回の宿題を決めるにあたって参考になりますから、もちろんだいじなのですが、それ以上にだいじなのは右側の部分です。

ここには、「枚数」「採点」「訂正」「記入」「教材」「記録表」という六つの欄が設けてあって、たとえば、自分で決めた枚数ができなかったとき、「枚数」の欄に○印をつけて確認することができるようになっています。

会《かい》員《いん》番《ばん》号《ごう》

らくだ学習記録表

すくーるらくだ　平《ひら》井《い》雷《らい》太《た》
〒170-0003　東京都豊島区駒込3-4-3
電話 03-5856-2065　FAX 03-3917-5212

（　）年（　）月

小中高（　）年　名前：

数・国・英

約束の曜日（　）　約束の時間（　）時（　）分

日	1枚目プリントNo.	時間	ミス	2枚目プリントNo.	時間	ミス	3枚目プリントNo.	時間	ミス	4枚目プリントNo.	時間	ミス	枚数	採点	訂正	記入	教材	記録表
1		:			:			:			:							
2		:			:			:			:							
3		:			:			:			:							
4		:			:			:			:							
5		:			:			:			:							
6		:			:			:			:							
7		:			:			:			:							
8		:			:			:			:							
9		:			:			:			:							
10		:			:			:			:							
11		:			:			:			:							
12		:			:			:			:							
13		:			:			:			:							
14		:			:			:			:							
15		:			:			:			:							
16		:			:			:			:							
17		:			:			:			:							
18		:			:			:			:							
19		:			:			:			:							
20		:			:			:			:							
21		:			:			:			:							
22		:			:			:			:							
23		:			:			:			:							
24		:			:			:			:							
25		:			:			:			:							
26		:			:			:			:							
27		:			:			:			:							
28		:			:			:			:							
29		:			:			:			:							
30		:			:			:			:							
31		:			:			:			:							

注意：約束の曜日・時間に来られないときは、事前に本人が(原則)電話で連絡してください。

図3　らくだ学習記録表

つまり、「枚数」の意味は枚数不足、「採点」は自分のやったプリントに採点していない場合で未採点、「記入」は記録表にやった結果を記入していない場合で未記入、「訂正」はまちがえたところを訂正していない場合で未訂正、「教材」は自宅に持って帰ったプリントをなくしたか忘れたか、いずれにしても教室に持ってこなかった場合、そして、「記録表」は記録表自体をなくしたか忘れたかした場合に、この欄に○印をつけるということになるのです。

したがって、この欄に一つも○印がついていなければ、この生徒はセルフラーニングの学習ができているということになり、○印がついた場合には、そのことがこの生徒の課題ということになるのです。ですから、この記録表を見ているだけで、先生と生徒の双方でこの生徒のいまの時点での課題が何であるのかを確認できるようになっているのです。

学習法がシンプルで扱いやすいために、いろいろな子どもの顔があらわれます。

「毎日やらずにためて一度にやっている子」「やっても採点しない子」「採点しても記録表に記入しない子」「記録表につけてもミスを直さない子」「ミスを直さず、答えをうつすだけの子」……等々。

しかし、こんな子どもたちも変わっていきます。

記録表に決して自分で記入しなかった子どもが記入するようになったり、採点をいつもお母さんに手伝ってもらっていた子どもが自分でするようになったりします。いつも、時間をごまかし、答えをうつしてやっていた子どもが、プリントが先に進むにしたがって、全然わからなくなって、「ぼく、もっとやさしいところからもう一度やるよ」と言った場合は、決して以前と同じように時間をごまかしたり、答えをそのままうつしたりということはしなくなります。自分の考えで、自分の学習のやり方を変えたからです。

子どもといっしょに初めて「すくーるらくだ」に来たお母さんには、つぎのようにお願いをしています。

「子どもが宿題を持って帰っても、これは子どもが自分で『やりたい』と言って持って帰った宿題ですから、かりに子どもがプリントをやるのを忘れていても、お母さんが『らくだのプリントやったの？』と声かけをすることはしないで下さい。また、らくだに来る時間をすぎていても、『塾に行く時間でしょ』とも言わないで下さい。これはあくまで、子どもが自分の責任でやるべきことなのですから、口出ししないで下さい」。

お母さんにとっては、口出しするより口出ししないほうがつらいようです。

らくだの学習についてだけ、口出しすることをやめて様子を眺めてみると、いままで子どもにどれだけ口出ししていたかが見えてきたり、子どもは言われなければ何もしない子だったということがわかったりします。つまり、このプリントがリトマス紙のような役割をして、いままで見えていなかった子どもとの関係が明らかになってくるのです。

口を出さなければ、さまざまな問題が発生します。問題が発生すれば、その原因がどこにあるかわかります。その問題を子ども自身に返して、どうすれば解決できるか、「押しつけない・強制しない・命令しない」方法で、いっしょに解決法を見つけていく。その過程で、らくだの学習が子ども自身の学習になっていく。自分からすすんで学習する子どもは、こんな関係のなかでこそ育っていくのです。

●かけ算九九のルビふり教材

教師の手を借りなくても子ども自身が独力で学習していけるという確信を私がもてたのは、かけ算九九のルビふり教材のパターンを考えだしたときでした。

以前に通信生になったT君のお母さんから、読みがなつきの九九のプリントに感心したというお手紙をいただきました。以前、上のお子さんが公文式で学んでいたこともあり、らくだ教材を使った学習と公文式の違いを端的に指摘されています。その部分を引用させていただくことにします。

らくだ教材で学び始めてまだ数日ですが、私がこれは良かったと思っていることを書かせてください。

1．紙面が大きいこと。

公文のように小さい紙を何枚もめくりながらやるより、ずっとやりやすい感じです。

2．子ども自身がすぐ答え合わせをすること。

当たり前のことであり、一番大事なことなのに、現状は問題を解いただけで答え合わせをしなくても勉強をしたと思っている子が大半ではないでしょうか。

3．プリント一枚あたりの時間数と、目安の時間。

公文では一枚が小さく、従って問題数も少なく、慣れれば（三〜四回くりかえせば）鼻唄まじりでも目安時間をこなせます。息子がらくだをひろげて驚いたのは、崩れた姿勢で鼻唄を歌っていては、絶対にタイムをクリアできないということのようです。

きっちりと座り直し、大きく深呼吸をし、ヨーイドンと始め……終ったときには『手に汗をかいた』と言いながら満足そうな表情をしています。いままでの息子の勉強に対する姿勢は、どちらかというと『これをやっちゃえばいいんだ』だったのですが、らくだ教材に向かうときは『さあ、これをやるぞ』なのです。心の負担は大きいかもしれませんが、それだけに出来たときの満足感はすばらしく大きいようです。

4. 読みがなつきの九九

これは、先生が考えられたことなのでしょうか。大拍手！ です。息子は『これ、なに？』としばらく考えていました。『初めて九九をやる子はどうかしら』『わあ！ これなら九九を知らなくても覚えられるね。何度も同じプリントをやればいいんだ。お母さんがいなくても困らないよ』。

5. 子どもがひとりでやれるらしいこと。

●国語・英語の教材

かけ算九九のルビふり教材を考えついたことで、国語（漢字）教材・英語教材の制作が可能になりました。内容はつぎの通りです。

Aパターン（図4A参照）

まずルビをふり、読み方を確認します。読めなければ、下の表を見れば書けるようになっています。読める漢字の書きを練習。書き順をここで学びます。

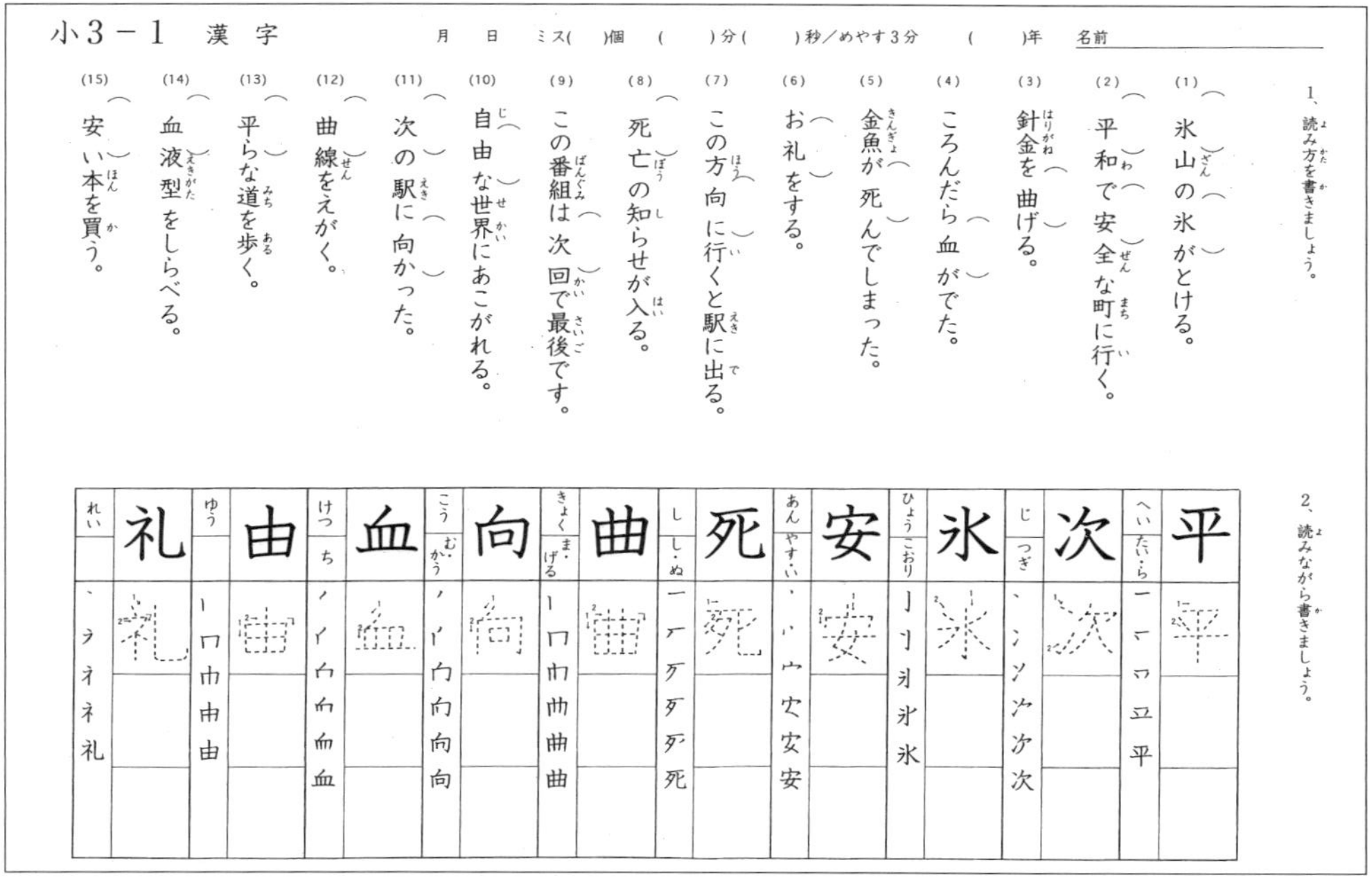

小3－1　漢字　　月　日　ミス(　)個　(　)分(　)秒／めやす3分　(　)年　名前

1、読《よ》み方《かた》を書《か》きましょう。

(1) 氷山《ざん》の氷がとける。
(2) 平和《わ》で安全《ぜん》な町《まち》に行《い》く。
(3) 針金《はりがね》を曲げる。
(4) ころんだら血がでた。
(5) 金魚《きんぎょ》が死んでしまった。
(6) お礼をする。
(7) この方《ほう》向に行《い》くと駅《えき》に出《で》る。
(8) 死亡《ぼう》の知《し》らせが入《はい》る。
(9) この番組《ばんぐみ》は次回《かい》で最後《さいご》です。
(10) 自《じ》由な世界《せかい》にあこがれる。
(11) 次の駅《えき》に向かった。
(12) 曲線《せん》をえがく。
(13) 平らな道《みち》を歩《ある》く。
(14) 血液型《えきがた》をしらべる。
(15) 安い本《ほん》を買《か》う。

2、読《よ》みながら書《か》きましょう。

漢字	読み
平	へい・たい・ら
次	じ・つぎ
氷	ひょう・こおり
安	あん・やす・い
死	し・し・ぬ
曲	きょく・ま・げる
向	こう・む・かう
血	けつ・ち
由	ゆう
礼	れい

図４A　国語（漢字）教材のAパターン（小3-1）

小3－3　漢　字　月　日　ミス(　　)個　(　　)分(　　)秒／めやす2分　(　　)年　名前

漢字《かんじ》を書《か》きましょう。ヒントを見て書《か》いたものには○印《じるし》をつけてミスとして数《かぞ》えましょう。

(1) 最近《さいきん》は□《まった》く雨《あめ》がふらない。
(2) □《れっ》車《しゃ》の時間《じかん》をしらべる。
(3) 大切《たいせつ》なものを□《まも》る。
(4) 金魚《きんぎょ》が□《し》んでしまった。
(5) □《きょく》線《せん》をえがく。
(6) □《ぜん》員《いん》で参加《さんか》する。
(7) 焼《や》き□《にく》パーティをしました。
(8) □《へい》和《わ》で□《あん》全《ぜん》な町《まち》に行《い》く。
(9) 三《さん》□《かく》定規《じょうぎ》をはじめて使《つか》った。
(10) 自《じ》□《ゆう》な世界《せかい》にあこがれる。
(11) ぼくの父《ちち》は□《い》者《しゃ》です。
(12) ころんだら□《ち》がでた。
(13) □《たい》らな道《みち》を歩《ある》く。
(14) なしが三個《さんこ》□《あ》る。
(15) この番組《ばんぐみ》は□《じ》回《かい》で最終《さいしゅう》です。
(16) 留《る》□《す》番《ばん》をする。
(17) あの人《ひと》は□《ゆう》名《めい》です。
(18) □《りょう》親《しん》とも健康《けんこう》です。
(19) 九《きゅう》□《しゅう》に旅行《りょこう》に行《い》く。
(20) 針金《はりがね》を□《ま》げる。
(21) □《かど》をまがる。
(22) お□《れい》をする。
(23) □《けつ》液型《えきがた》をしらべる。
(24) □《つぎ》の駅《えき》に□《む》かった。
(25) □《やす》い本《ほん》を買《か》う。
(26) □《ひょう》山《ざん》の□《こおり》がとける。
(27) □《しゅ》備《び》を固《かた》める。
(28) この方《ほう》□《こう》に行《い》くと駅《えき》に出《で》る。
(29) 結婚《けっこん》□《しき》に出《で》る。
(30) □《し》亡《ぼう》の知《し》らせが入《はい》る。

書《か》けなかったものを練習《れんしゅう》しましょう。

〈ヒント〉

結婚式《けっこんしき》	お礼《れい》	次回《じかい》	留守番《るすばん》
平《たい》らな	死亡《しぼう》	両親《りょうしん》	有名《ゆうめい》
方向《ほうこう》	全《まった》く	自由《じゆう》	氷山《ひょうざん》
列車《れっしゃ》	死《し》んで	全員《ぜんいん》	守《まも》る
氷《こおり》	大切《たいせつ》	次《つぎ》の駅《えき》	
有《あ》る	平和《へいわ》	安《やす》い本《ほん》	
血液型《けつえきがた》	角《かど》	安全《あんぜん》	
医者《いしゃ》	向《む》かった	曲線《きょくせん》	
曲《ま》げる	焼《や》き肉《にく》	三角定規《さんかくじょうぎ》	
守備《しゅび》	九州《きゅうしゅう》	血《ち》	

図4B　国語（漢字）教材のBパターン（小3-3）

小3－7　漢　字

月　日　ミス(　　)個　(　　)分(　　)秒／めやす4分　(　　)年

(6) □《ぜん》員《いん》で参加《さんか》する。

(7) 焼《や》き□《にく》パーティをしました。

(8) 三《さん》□《かく》定規《じょうぎ》をはじめて使《つか》った。

(9) □《へい》和《わ》で□《あん》全《ぜん》な町《まち》に行《い》く。

(10) 自《じ》□《ゆう》な世界《せかい》にあこがれる。

(11) ぼくの父《ちち》は□《い》者《しゃ》です。

(12) ころんだら□《ち》がでた。

(13) □《たい》らな道《みち》を歩《ある》く。

(14) なしが三個《さんこ》□《あ》る。

(15) この番組《ばんぐみ》は□《じ》回《かい》で最終《さいしゅう》です。

(16) 留《る》□《す》番《ばん》をする。

(17) あの人《ひと》は□《ゆう》名《めい》です。

(18) □《りょう》親《しん》とも健康《けんこう》です。

(19) 九《きゅう》□《しゅう》に旅行《りょこう》に行《い》く。

(20) 針金《はりがね》を□《ま》げる。

(26) □《ひょう》山《さん》の□《こおり》がとける。

(27) □《しゅ》備《び》を固《かた》める。

(28) この方《ほう》□《こう》に行《い》くと駅《えき》にでる。

(29) 結婚《けっこん》□《しき》に出《で》る。

(30) □《し》亡《ぼう》の知《し》らせが入《はい》る。

(31) 消防士《しょうぼうし》が救《きゅう》□《じょ》する。

(32) ぼくは野球《やきゅう》チームの□《とう》手です。

(33) 海《うみ》でおぼれた時《とき》、□《くる》しかった。

(34) 田中《たなか》□《くん》とテレビ□《きょく》に行《い》った。

(35) うちの家族《かぞく》はみんな□《しあわ》せです。

(36) 保健係《ほけんがかり》を□《き》めました。

(37) めずらしい□《がん》石《せき》をみつけた。

(38) 車《くるま》の窓《まど》からゴミを□《な》げてはいけない。

(39) □《さか》道《みち》をのぼる。

(40) 体《たい》□《いく》の時間《じかん》に水《すい》□《えい》をした。

図４Ｃ　国語（漢字）教材のＣパターン（小３-７の一部）

Ｂパターン（図４Ｂ参照）

Ａパターンで学んだ漢字の練習をここでします。わからないとき、ヒントの表を見れば書けるようになっています。ヒントを見て書くと時間がかかりますので、スラスラ書けるようになるまで、このパターンで練習。ヒントを見て書いた漢字の練習を下の空白部分で自分にとって必要なだけします。

新出漢字を一律一〇回ずつ書くというような機械的な学習法をしても、子どもにとってはたんなる作業にしかなりません。書かされるのではなく、子どもにとって必要な回数を、自分の判断で書けるようになっています。

Ｃパターン（図４Ｃ参照）

ヒントなしで書けるかどうかをこのパターンで確認します。

＊

英語教材も同様です。

Ａパターン（図５Ａ参照）

まず見本を見ながら、音（カタカナ音）と意味（日本語）から英文を書きます。

英文の音と意味をここで押さえ、単語の語順を学ぶことが、国語教材の漢字の書き順にあたり

This　is　my　book.　　これは私の本です。

(1)＿＿＿＿＿＿＿＿＿＿＿＿　＿＿＿＿＿＿＿＿＿＿＿＿

ずィス　イズ　マイ　ブック　　これは　私の　本です。

That　is　your　pen.　　あれはあなたのペンです。

(2)＿＿＿＿＿＿＿＿＿＿＿＿　＿＿＿＿＿＿＿＿＿＿＿＿

ざット　イズ　ユア　ペン　　あれは　あなたの　ペンです。

図5A　英語教材のAパターン（中1）

＿＿＿＿＿＿＿＿＿＿＿＿

ぞゥズ　アー　ハナコズ　ハッツ

(8)＿＿＿＿＿＿＿＿＿＿＿＿

あれは　彼女の　鉛筆です。

(9)＿＿＿＿＿＿＿＿＿＿＿＿

ずィス　イズ　タローズ　ハット

(10)＿＿＿＿＿＿＿＿＿＿＿＿

あれらは　花子の　帽子です。

＿＿＿＿＿＿＿＿＿＿＿＿

ざット　イズ　ハ～　ペンスィる

(18)＿＿＿＿＿＿＿＿＿＿＿＿

あれらは　あなたたちの　ペンです。

(19)＿＿＿＿＿＿＿＿＿＿＿＿

ぞゥズ　アー　ぜア　ペンスィるズ

(20)＿＿＿＿＿＿＿＿＿＿＿＿

これらは　あなたたちの　ペンです。

ヒント					
	This That These Those	is are	my your his her	our your their Hanako's Taro's	book(s) pen(s) bag(s) hat(s) pencil(s)

図5B　同Bパターン

(1)＿＿＿＿＿＿＿＿＿＿＿＿

これらは　彼らの　ペンです。

(2)＿＿＿＿＿＿＿＿＿＿＿＿

これらは　君たちの　猫です。

(3)＿＿＿＿＿＿＿＿＿＿＿＿

あれは　太郎の　アルバムです。

(4)＿＿＿＿＿＿＿＿＿＿＿＿

あれらは　彼女たちの　ぼうしです。

(5)＿＿＿＿＿＿＿＿＿＿＿＿

あれは　ぼくの　本です。

(6)＿＿＿＿＿＿＿＿＿＿＿＿

あれは　太郎の　雨傘です。

(11)＿＿＿＿＿＿＿＿＿＿＿＿

これは　彼女の　鉛筆です。

(12)＿＿＿＿＿＿＿＿＿＿＿＿

あれは　花子の　雨傘です。

(13)＿＿＿＿＿＿＿＿＿＿＿＿

これらは　彼女の　アルバムです。

(14)＿＿＿＿＿＿＿＿＿＿＿＿

あれらは　花子の　バッグです。

(15)＿＿＿＿＿＿＿＿＿＿＿＿

これは　私の　本です。

(16)＿＿＿＿＿＿＿＿＿＿＿＿

これらは　ぼくたちの　鉛筆です。

図5C　同Cパターン

ます。

Ｂパターン（図５Ｂ参照）

Ａパターンで学んだ英文の練習をここでします。わからないとき、ヒントの表を見れば書けるようになっています。ヒントを見て書くと時間がかかりますので、スラスラ書けるようになるまで、このパターンで練習。ヒントを見て書いた英文の練習を下の空白部分で自分にとって必要なだけします。

ヒントの英文を組み合わせれば、音と日本文からすべての英文が書けるというわけです。

Ｃパターン（図５Ｃ参照）

ヒントなしで、日本文から英文が書けるかどうかをこのパターンで確認します。

＊

このように国語教材の中味は漢字だけ、英語教材は英文を書くだけです。算数・数学の小・中教材が計算だけでつくられ、図形・文章題の一切が入っていないように、国語教材は漢字以外の文法、長文読解その他は一切入っていないのです。英語教材も同様です。文法一切なし、日本文から英文を書くだけの教材になっています。なぜこうなっているかといえば、このプリント教材ですべてを担おうと思っていないからです。

「このプリントだけをやっていれば、すべて大丈夫」などと思われてしまっては、それこそセルフラーニングにならないからです。

たとえば英語で、日本文から英文を書くことしかしなければ、音はどうするのか、ヒヤリング・スピーキングはどうするのかと必ず聞かれます。国語では、長文読解は、算数・数学では図形、文章題はどうするのかという具合です。それらの質問には、つぎのように答えています。

「この教材ですべてを担おうとしていないから、セルフラーニングが可能になります。この学習では一番たいへんなところだけをやっているのです。いくら英語が話せても、書くことはできません。アメリカ人でさえ、まともに英語の綴りが書けない人がたくさんいます。

書くということが一番むずかしいことなのです。漢字でも同じです。いくら本を読んでも読んでいるだけでは実際に書けるようにはなりません。先生が教えてくれても、自分がやらないかぎり、書けるようにはならないのです。ですから、学習を進めるうえで一番たいへんな部分を、らくだ教材は担っているのです。

日本文を見て、英文が浮かぶ状態になっていれば、会話につながります。かりに発音がおかしくて、通じなければ筆談したっていいのです。おかしな発音はそのとき直してもいいでしょう。らくだ教材をやりながら、いったいこの音はどうなっているのだと思えば、テープ教材を自分で買って聞いてもいいのです。テレビやラジオの英語講座を聞いてもいいですし、アメリカ人の友だちをつくってもいいでしょう。それこそがセルフラーニングだと思うのです。

ですから、国語も漢字だけ。漢字だけが書けるようになれば、もちろん読むことはかんたんにできますから、読書につながります。問題集で長文読解の問題ばかりを解いても、それが本好きにつながるようには思えません。かえって国語がきらいになるでしょう」。

●すべてを担わない教材

どうしてこのように、算数・数学は計算だけ、国語は漢字だけ、英語は英文を書くだけの教材をつくったかといえば、私が以前「公文数学研究センター」(現在の日本公文教育研究会)で働いていたことと関係するのです。

公文式の算数・数学教材には、なぜ文章題が入っているのかが疑問でした。教材として入っているにもかかわらず、指導者にはその教材は使ってもいいし、使わなくてもいいといいます。ほんとうは必要がないと思っていながら、世間の常識に合わせて入れていただけなのです。そんな教材なら一切ないほうがいいと思ったのでした。まず、算数・数学教材を計算だけでつくって、腹がすわったのでしょう。プリントでできることとできないことを見きわめた結果が、英語教材・国語教材の制作につながりました。

公文では、英語教材の制作にたずさわっていました。公文式の英語教材では、原書がスラスラ読めるようになることが目的でしたから、英文を日本文に直す練習が多かったのです。英語教材でありながら、国語教材のようでもありました。

いくら日本文が書けても、こんなことをやっていては日本文から英文を書けるようにはならないと判断して、らくだの英語教材もつくってみる気になったのです。公文式の英語教材の場合には、原書講読の単元に入る前に、文法を習得するプログラムが延々と続いていますが、その一切をらくだ教材から排しました。

ただひたすら、日本文から英文を書く教材にしたのです。文法的なことがわかっても、日本文から英文が書けなければ英語を使うことができません。まず先に、英語が書ける。理屈ぬきに日本文から英文が浮かぶことこそ、重要なことだと思ったのです。

かりに、なぜ三人称単数現在にはｓがつくのかと、疑問に思った場合には、自分で参考書を買ってきて読めば解決できる問題ですから、あえてプリント教材の中に入れる必要もないと判断したのでした。

公文式の国語教材についても、英語教材同様、根本的なところで疑問がありました。教材の中に、漢字の習得パターンだけでなく、長文を要約する作業が延々とあったからです。

私も実際にこの問題をやってみました。苦痛でした。かんたんにはできません。しかし、これができても、受験時の長文読解につながる程度で、自分がいい文章が書けるようになることとはあまり関係がないように思えたのです。

まずは英文が書けることと同じように、まずは漢字が書ければいいと、徹底した漢字教材をつくったのでした。

面倒見のいい塾に行くと、なぜ自分からすすんで学習するようにならないのか。その理由はかんたんです。そこですべてを担ってくれますから、それ以上のことを自分からはやらなくなってしまうのです。

ですから、自分からすすんで学習する子どもが育つためには、すべてを担わない教材こそが必要なのでした。

4．時間をはかることの意味

●なぜストップウォッチを使うのか

私の教室では、生徒全員がストップウォッチを持って学習しています。教室に来た見学者は一様に驚きます。

「勉強にストップウォッチを使っているんですか？」

「ストップウォッチがなければ大変ですよ。とにかくプリントを終わらせればいいと思うから、五分でできるプリントに一〇分も二〇分もかけるようになるでしょう。やっている途中に隣の子どもとおしゃべりしたり、消しゴムで遊んだり、教室中がざわざわとうるさくなるにちがいありません。『静かにしろ』と注意しないですむようにストップウォッチを使っているようなものなんです」。

手短かに答えるときは、このようにかんたんに説明していますが、じつはストップウォッチにはもっと重要な意味があるのです。セルフラーニングを成立させるためには、ストップウォッチで時間をはかることなしには不可能だからです。

時間をはからずに、やさしいプリントをやって百点をとった子どもは、二度と同じプリントをやろうとはしないでしょう。しかし、そのプリントの目安時間を三分としておけば、たとえ百点であっても時間が一〇分かかった子どもは、三分でできるようになるまで何度も同じプリントに挑戦しようとするのです。たとえていえば、陸上競技の選手がタイムを縮めるために毎日同じコースを走るようなものだからです。

けれども、こういう考え方には必ず反論が出るのです。

「なぜ勉強で速さを競わなければいけないのか。ゆっくり、じっくり考えることこそがだいじであって、時間などはかったら気持ちをせかせるだけではないか。そういうやり方は、競争意識をいたずらに刺激するものだ」という意見です。

たしかにそうした批判には一理あるのです。ストップウォッチを使っているために時間ばかりが気になり、体を硬直させ緊張しきっている子どもがときどき見られるからです。そんな子どもにはこう言います。

「ストップウォッチと競争するわけではないからね。この教室には始業時間を知らせるチャイムがないから、チャイム代わりにストップウォッチを押しているんだよ。ふつうにやって、やり終えたらとめる。それだけのことだからね。いくら時計があっても競争はしないでしょ。だから、リラックスしてふつうにやればいいよ。速くやろうとあせってやるほど、それでは時間は速くはならないからね。字は汚くなるし、ミスは増えるし、同じプリントを何回かくり返していれば自然に速くなるからね。とにかくふつうにやろうね」。

つまり、ストップウォッチを使いながら、ストップウォッチにこだわらない練習をしていることとになります。

また、なかにはこんな子どももいます。一秒でも速く仕上げようと、片手にストップウォッチを握りしめ、消しゴムを使うたびにストップウォッチをとめるのです。かと思えば、プリントがまだ半分しかできていないのにストップウォッチをとめたままにして、時間をごまかす子どももいます。

まさに十人十色で、見ているだけで楽しくなってしまいます。そんな子どもたちを見ても、困ったことだとは思いません。むしろ、それぞれが目的のために必死で手段を考えている様子に、これも意欲のあらわれだと感心してしまうのです。ですから、そういう子どもを見つけてもしかることは一切ありません。ただ、つぎのように注意するだけです。

「君が時間をごまかすのは自由だけど、そうやって先へ進むと勉強がもっともっと苦しくなってしまうよ。いまここで時間を正確にはかって、同じプリントを何度か復習すれば、そのほうが確実な力がつくから、そうやって先へ進めば苦しむことはないんだけどね」。

しかし、大人のなかにはストップウォッチを見ただけで拒否反応を示す人がいます。つい先日も、教室を見学に来た方からつぎのような質問をされました。

「これが小一のまとめのプリントですか。一二〇問をたった五分でやる。私だってできない。

どうしてこんなに速い時間でやらないといけないんですか」。

「突然このプリントをやるわけではありません。幼児の教材から順にステップを踏んできていますし、このまとめの前のプリントが五分台でできる子が、このプリントをやるわけですから、ここまで学習してきた子どもにとっては、そんなにたいへんではありませんよ。

ここに書いてある時間はあくまで目安の時間ですから、べつに必ず五分台でやらなくてはならないということではないんです。その子どもがいつも、五分台プラス二分でやりたければそれでもいいし、五分を切りたければそれでもいいしね。この時間はあくまで目安です」。

「算数を学習するってことは、計算がスラスラできることなんですか。らくだでは、それしかやらないんですか?」

「もちろん、算数の学習は計算だけではありませんよ。しかし、らくだのプリントでやっていることは、プリントを使って学習しないとできないことをやっているんです。

たとえば、日本語ができるということはどういうことかというと、それをスラスラ使いこなせるということだと思うんです。聞くことも話すこともでき、本も読め、手紙くらいは書ける、と。日本語をプリントを使って学習する場合、何がポイントになっているかといえば、漢字を書けるかどうかでしょう。漢字のなりたちを知らなくても、とにかく書ければ読めるわけですからね。

いくら本を読んでも、書くことだけは自分で書いて練習しないと書けるようにはなりません。

算数・数学を学習していくばあい、この漢字にあたるのが計算です。計算のやり方をいくら本を読んで理解しても、実際にやってみなければそれを自在に使いこなすことはできません。日本語の文法を理解していても、それだけでは日本語を使えるようにならないのと同じです。計算のやり方を知っているということと、計算がスラスラできることとはまるで違うのですから」。

「でも、こんなめんどうなものを子どもはやるんですか?」

「やりますね。それは喜んでやっている子、いやいややっている子とさまざまですけど、ストップウォッチを使っているから、楽しんでやっているようにみえますけどね。今日七分一八秒でできたら、明日はこの時間より短くなるようにがんばろうと思うようですし……。どちらかといえば、ゲーム感覚なんでしょうね。プリントを一枚一枚クリアしていく感覚はテレビゲームの面を一面ごとにクリアしていく感じに似ていると思いますけど」。

「こんな学習をどうして楽しんでやるのか信じられません。めんどうくさい、いやだという子どものほうが健康的な感じがしますね」。

「私は昔、やきものをやっていたのですが、やきものにしたって、土もみ三年というように、土をこねる単純な作業のくり返しがあるわけでしょう。ロクロをきちんと回せるようになるのだって、毎日のくり返しですからね。身体で覚えるまでやるわけで、日常というのは果てしないくり返しの連続のような気がします。それを楽しくできれば最高ではないですか。

子どもたちが喜んでやるのは、やればすぐ終わるからですよ。どんな楽しい授業であっても、授業であるかぎり四〜五〇分の時間を拘束されるわけで、先生の話を聞かなくてはいけないという強制力がはたらきます。それと比べれば、自分のペースでできるだけでも楽しいかもしれません」。

●どのプリントをやるのか自分で決める

ストップウォッチを使って学習するから、子ども自身が先生になれるのです。自分がいったいどれだけ習熟しているのかを知ることができますから、自分がプリントをやった結果を見て、その時間とミスの数から、そのプリントを何枚くり返せば合格できるのではないかという予測をたてることができるのです。

その判断を自分でできることこそ、セルフラーニングをおこなううえで、もっとも重要なことなのです。もし、それを自分で決められなければ、自分からすすんでやる学習ではなく、人から言われてやる学習になってしまうからです。そういう意味からも、プリント一枚一枚に書かれている目安の時間はひじょうに大きな意味をもっているのです。

目安時間は、公文式が決めている標準完成時間を参考にしていますが、息子が何度かプリントをくり返し学習するなかで、最終的に決まっていきました。学校で習っていない単元をこのプリントで学習していくと、初回はかなり時間がかかっても、何度かくり返しているうちにかなり時間が短くなっていきます。しかし、あるところまでいくと、それ以上はなかなか時間が短くならないというところまで来ます。その時間を目安の時間と設定したのです。

公文式の場合には、時間設定をたとえば三～五分というように幅をもたせてあり、三分以内であれば文句なしに先に進み、五分以上であれば必ず復習の必要あり、三分から五分の間であれば、指導者の判断で決めるとなっていました。そしてその時間も、教室に入って、プリントをやり指導者に採点してもらい、直しを含めた時間でしたので、この時間を参考に子ども自身が自分でつぎに学習する教材を決めるということは、かなりむずかしかったのです。

らくだの場合には、プリントに日付と名前を記入し、問題にとりかかるときにストップウォッチを押し、最後の問題をやり終えたときにとめるとしたのです。おかげで、純粋な学習時間を知ることができるようになりました。時間も五分とか一〇分とかいうように設定していきましたので、この時間を目安にして、子ども自身が学習進度を自分で決められるようになったのです。

目安時間をクリアした状態でつぎのプリントに進む場合と、目安の時間の倍の時間を要する状態でつぎのプリントに進む場合と、子どもにとっての学習の負担はどの程度になるかも実験してみました。

後者の場合、ほとんどの子どもが学習放棄です。「いやだ」「めんどうくさい」「やりたくない」と、途中で投げ出してしまいます。投げ出さずにがんばる子どもの場合は、途中でストップウォッチをとめて小休止を何度かとります。

どの程度の時間でできるようになったかを無視して学習を進める学校のやり方が、どんな結果を招くのか、見えたような気がしたのでした。

5. 「セルフラーニング力」を育てる学び方

●まずできること、そしてわかることへ

らくだの学習を進めていくと、一年以上の継続学習をしている生徒（一ヵ月に二〇枚以上のプリントを学習している生徒の場合）の八割近くが、自分の学年より上のところを学習するようになります。しかし、学校でまだ習っていないところに進むことに抵抗を感じるお母さんは、つぎ

のように言います。

「学校でやっているところより、先をやらせないで下さい。いまやっていることがわかっていれば十分なんです。先をやって授業をばかにするようになっては困りますから」。

なぜ、親や教師は子どもが学年以上の教材、まだ習っていないところを学習するようになると、目くじらをたてるのでしょうか。不思議でなりませんでした。らくだの学習では、自分の意志で進んでいくのですから、気がついたときには、まだ、学校で習っていない単元に進んでしまいます。

なぜ、親や教師が学年以上の学習にこだわるかといえば、学校の教科書や学年相当の学習にこだわっているからです。

そういう人たちも、子どもが自分の希望で読みたい本を読みすすんでも、そのことはあまり気にしません。本が好きになった子は、まだ学校で習っていない漢字が出ている本でもどんどん読んでしまいますし、教科書も先の方を読んでしまいます。しかし、だからといって授業への影響を心配する親はほとんどいません。水泳や鉄棒・絵・音楽・家庭科などについても同様です。

しかし、こと算数に関しては違うのです。教えられずにできるようになってしまうことが問題なことだと思っているのでしょうか。できるようになったことを授業で聞くことをばかばかしいと思うにちがいないと思っているのでしょうか。

たしかに一時的な現象として、授業をばかにする子が出てきます。しかし、「なんだ、こんなこと、ぼく知ってるよ」という子をよく見ていると、いままで算数・数学に自信のなかった子、いままでできないことをばかにされていた子に多いことがわかります。いままでクラスで注目されていなかった子どもが、みんなの視線を集めるために、こんな発言になる場合もあります。つまり、いままで劣等意識が強かった子どもほど、その反動として優越意識がつよくはたらくのかもしれません。

しかし、それも初めのうちだけで、学年以上を学習することが日常になってくると、学校の授業は授業で楽しむようになってきます。

「できるようになることがせいいっぱい」という状態を脱して、すでにできることを、どうしてそうなるのかとその意味を確認することに興味が向くというしだいです。たとえば、異分母同士のたし算で、分母を共通にして計算するばあい、「どうやって答えを出すのか」（やり方）ということより、「どうしてそうなるのか」（意味）という課題に関心が向くというわけです。

こう考えてみると、かつて私が大人や子ども相手の算数教室をやっていたときのことが思い出されます。なぜ、分数のわり算はひっくり返してかけ算になるのかという授業をもっともおもしろがったのは、子どもより大人だったからです。

すでにできることを、「なぜそうなのか」と考える授業をおこない、おもしろがったのは、分数のわり算のやり方を知らない子どもたちではなく、すでにそのことができる大人たちだったのでした。

だからこそ、思うのです。まずできること、そしてわかることへ。

だからといって、学年以上の教材を学習することを目的にしているわけではありません。子ども自身の意志にまかせておけば、結果としてまだ習っていない単元に進むだけのことです。まだ、だれにも習ったことのない単元を学習することで、ほんとうの意味でのセルフラーニングがここから始まっていくのです。

初めて習っていない単元に入った子どもは、最初のうち「わかんない」「習っていない」と抵抗を示しますが、「そうか。わかんないか。番号順にやってみれば、どこがわからないかわかるし、まず、やってみたら」と話すことで、その問題に挑戦します。それでも手がつかない子どもの場合には、「プリントの裏に答えが書いてあるから、どうしてそうなるか考えながらやってごらん。答えを見てやった問題は、番号に丸印をつけておいて、ミスとして数えればいいからね」と言います。

プリントの答えを見ながら、どうしてこうなるのかと自分で考えることにこそ、本来の学習があるからです。

●わからないままやることで育つ「考える力」

以前、「わかる」を重視した塾をやっていたころの私は、「数唱だけ言えても、それが具体的な量とつながっていなければ『わかったこと』にはならない、それを風呂場の算数という」と、そんな考え方の遠山啓《ひらく》氏（故人・東工大名誉教授・水道方式の提唱者）に心酔していました。

そこで、3という数字を教えるのに、具体物（りんご3個・皿3枚等々）としての3をタイル3枚におきかえて、3個も3枚も同じ3という数字で表現できることを教えていました。つまり、「3」という数字と「さん」という読み方と、「タイル3枚」という三者関係を理解してから、数字を書く、そんなステップを重視していたのです。

＊水道方式とは、遠山啓氏を中心に現場の先生方の熱心な協力で新しくつくり出された指導体系。「すべての子どもにわかって、しかも質の高い数学を」というスローガンのもとに、長期にわたる実践の歴史をもっています。

そして、数字をタイルで表現できるようにして、計算法則を自分で発見するというやり方をおこない、こうすることで「教えこみ主義」から脱して、自ら考える力が育っていくだろうと考えていたのですが、そうはなりませんでした。

教師が答えがわかっていることを子どもたちに答えさせて、さも、計算法則を自分で発見したかのような感じにさせるだけですから、これもちょっとかたちを変えただけの「教えこみ主義」であることに変わりはないからです。それに教室であれば、教師が答えを持っていて、教師が出す問いに子どもが答えるというスタイルがなりたちますが、家庭で息子と一対一では、こんなスタイルはなかなか成立しません。

おとなしく子どもを目の前に座らせて、話を聞かせるだけでも至難のわざです。何日かならできるでしょうが、それを何年にもわたって持続させようとなると、親子関係が最悪になるだろうと容易に想像できました。そこで私は教えるかたちの授業を前提にしなくても、生徒だけの学習が可能な教材をつくってみたのです。

それが数字の導入ですと、幼児の０（図６参照）のプリントになります。

このプリントで私が伝えたいことは、「○から☆をつなぎ、つぎは●から★をつなぐ」というルールだけです。数字の読み方も教えなければ、量ともつなげません。幼児のプリントは全部で14枚しかなく、14枚目のプリントを終えると、１から130までが８分台で書けるようになっているのです。

1から130までが8分台で書けるということは、1から130の間のいずれかの数字をとりあげて、たとえば、「39の次の数字はなあに?」と聞いても、「40」と答えられる状態になっていますから、1から129までの数字に1を足すたし算であれば、できてしまうのです。そればかりか、130までの数字がスラスラ書ける状態になると、数字も読めるようになっているから不思議です。

そして、「この数字はこの量をあらわしています」と、具体的な量と結びつけて教えていないにもかかわらず、0から9までの数字がどんな量と結びついているかもわかっているのです。そんな状態で、つぎの単元の小1教材に入りますから、+1ばかりのたし算のプリントに入っても困ることなくできてしまいます。

こんな現実を見ていると、「わからせて」からやるやり方よりも、「わからないことをわからないまま」やるなかで、自らの力でわからないことがわかっていくなかで、考える力も育っていくのだという確信を得たのです。

●自分のペースでリラックス

「すくーるらくだ」に入って四年目のA君(中一)の作文を紹介します。彼は毎日きちんとプ

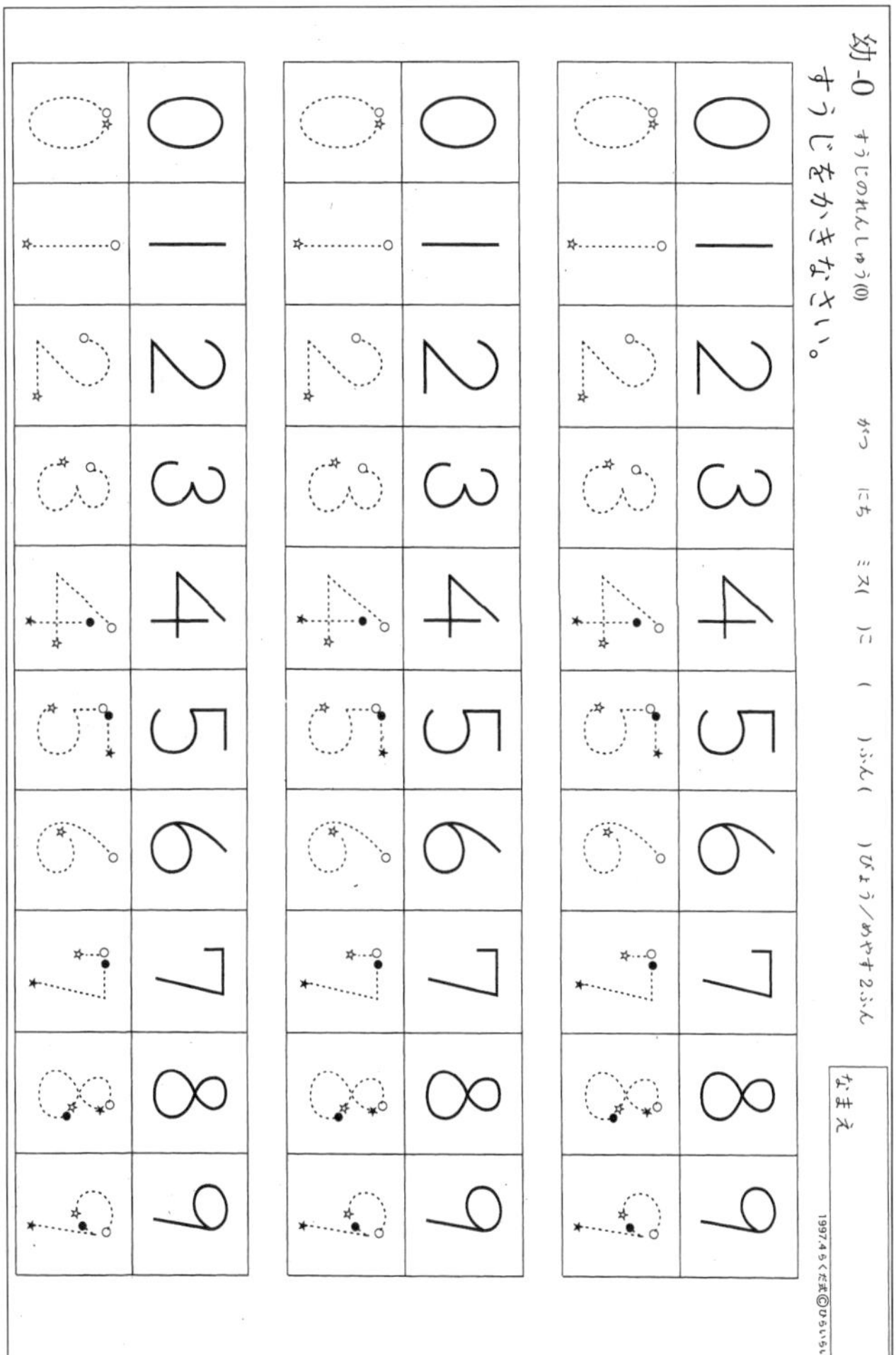

図５　数字の練習プリント（幼児－0）

リントを続けるタイプの子どもではなく、いくら提案しても自分のペースを決してくずそうとはしませんでした。ここ三ヵ月の学習枚数を見ても、一二枚、八枚、七枚と決して多くはありません。しかし、彼の学習状況を見ていると、継続とはたんに毎日必ず学習することをいうのではなく、自分なりのペースで続けることに意味があると思わずにはいられません。

当時、A君は中一の学年相当（学校でやっている少し先あたり）を学習していました。学習経過はつぎの通りでした。

小一相当（二四枚）　半月で終了　　小二相当（三六枚）　一ヵ月で終了
小三相当（三八枚）　三ヵ月半で終了　　小四相当（四一枚）　八ヵ月で終了
小五相当（四四枚）　一一ヵ月半で終了　　小六相当（三一枚）　一一ヵ月半で終了

「すくーるらくだで学習して」

僕がらくだに入ったのは小学校三年生の三学期でした。もしこの時入会していなかったら、僕の人生は一八〇度変わっていたと思います。

僕は私立の学校に行っているので、もう算数なんて大した事をやらず、遊んでばかりいました。もちろん計算が速いとか遅いとかは学校では全然関係がありませんでした。僕は算数とか計算が苦手でしたが、みんなと同じ位はできたので、その程度で満足していました。

ところがらくだに初めて来たとき、一年生の問題をためしにやってみて正直なところものすごいショックを受けました。こんなのちゃちいとおもって始めたものが、時間内に半分もできないのです。めやすの時間が速すぎるのではないかと質問しても、平井先生は「みんなこの時間でできているよ」とおっしゃいました。そして、らくだへの入会を決心したのでした。

一年生のレベルは二週間程でできたので、慣れればこんなものか、と思いました。その頃は気づかなかったのですが、四年生になって教材も進んできたところ、ものすごい異変が起こりました。学校の計算が苦じゃなくなっていたんです。始めは、偶然だろうとか、たまたま楽な問題だったんだろうとか考えていたのですが、そうではない事がだんだんわかってきました。この異変はらくだに入ってからだということに気がついたんです。

そして、らくだも学年に追いついたとき、今度は計算が得意になっていました。僕の学校には五～六年生になると、中学へ成績がいくテストがあるのですが、このらくだに入っていてすごく役立ちました。不思議なことですが、らくだをやっているうちに国理社もできるようになっていました。六年の二学期の成績は、ほぼ、特に主要四教科はA（公立の5）になっていたのです。

今、僕は中一の正負の終わりの方をやっています。僕のペースは一週間に二～三枚くらいなので、もう少しやればもっと先に進むと先生はおっしゃいますが、僕としては今のペースをくずさずに、少しずつ先へ行きたいと思います。

6.「押しつけない・強制しない・命令しない」学習法

●子どものじゃまをしない

教材ができても、この教材を使いこなす学習システムができるようになるまでの道のりは、そうかんたんなものではありませんでした。子どもの学習は子ども自身のものだと思いながらも、「子どもをどうにかできる」という思いが、私自身のなかに残っていたからです。

自分がやると決めた勉強をきちんとやらない子どもに対して「それはあなたの学習でしょ。あなたが勉強ができるようになろうとも、できないままであっても、私には関係がないことだ」と、子どもに言えるようになるまでには、かなりの時間を必要としたのでした。

私が子どもの学習に対して「学習をする、しないはあなたの問題だ」とはっきり言えなければ、子どもの学習がほんとうに「子ども自身のもの」にはなっていきません。しかし、「すくーるらくだ」の生徒が増え、私の目が一人ひとりの子どもに届かなくなっていくにしたがって、子どもは自由に自発的に自分からすすんで学習していくようになりました。教え好きの教師や口うるさく言う親がいなくなるだけで、つまり、子どもの学習意欲を阻害する大人がいなくなることで、子どもはこんなにも自分からすすんで勉強するようになるのかと、その変わりように、ただただ驚くばかりだったのです。

ですから、いまだからいえるのです。「どの子も学びたがっている」「どの子も自分の能力を高めたがっている」と。

私がしたことは、ほんとうは学びたいと思っている子どもが、親や教師のせいで勉強ぎらいになることなく、じゃまされることなく、自分の意志で学習したいと思ったときにその思いを実現できるように、学習環境（「すくーるらくだ」）を用意したことだけです。

子ども自身が漢字が書けるようになりたい、計算ができるようになりたいと思えば、どんな子どもでもそれが実現できるように、教師の教え方に左右されずに、自分の力で進んでいくことができる教材をつくったのです。その教材をどう使えばいいのか、その使い方さえ子ども自身が判断できる教材をつくったのです。

「すくーるらくだ」に来たお母さんに、「プリントをやったの？」「塾に行く時間でしょ」との声かけをしないようにお願いしているばかりでなく、すくーるらくだで「子どものため」「親のため」にしていることは、「しないこと」ばかりです。

かつて、「教える型の授業形式」の塾をやっているときには、毎月のようにさまざまな行事を企画して、塾の子どもといっしょに遊んだり、どこかに連れていったりしていました。夏休み・春休みには、泊まりがけのキャンプも実施して、子どもたちへのサービスにこれ努めていたのです。しかし、これをやっているときには、私が子どもと遊びたいからであって、子どものためにやっているという意識はなかったのですが、いまにして思えば、塾に子どもを集めるために、塾の特色を出すために、遊びという甘いえさを学習の動機づけにしていたように思うのです。

父母懇談会も毎月のように実施し、塾でやっていることの意義をわかってもらおうと、一生懸命啓蒙にこれ努めていました。見えるかたちでの学習効果に自信がなかったため、言葉で説明していたのでしょう。「子どもに問題があるのは、親のありようにも問題がある」「親が変わらなければ、子どもは変わらない」と言っていたのもこのころです。

すくーるらくだでは、このうちのどれもしていません。ずっと私が、すくーるらくだでしてきたことは「しない」ことでした。なぜでしょうか。

それは、子どもによかれと思ってサービスすることが、必ずしも子どもにとってはいい結果にならないことを以前の塾で骨身にしみるほど感じたからです。子どもの面倒をみればみるほど、子どもに育ったのは依存心。面倒をみることで、塾に来たときにしか勉強しない子どもを育てるのは、もうこりごりだったのです。

●信頼してまかせれば必ず子どもはこたえる

どれだけのことを子どもにまかせようと、本気でまかせれば子どもはその信頼にこたえるのです。しかし、採点を子どもにまかせればインチキをする、子どもに宿題の枚数を決めさせれば子どもは宿題をもって帰らなくなる、子ども自身がどのプリントを学習したらいいかを決められるわけがないと思っている教師のもとでは、子どもはその教師の信頼にはこたえません。

ですから、目の前に勉強をしたがらない子どもがいれば、その子どもに対して、「この子にどう勉強させるか」と考えるのではなく、**「なぜこの子は勉強をしたがらないのだろう」と考えるだけでいい**のです。そして、その原因が子どものなかにではなく、自分のなかにあることに気づければ問題は解決です。

子どもに対して、「押しつけない・強制しない・命令しない」姿勢でかかわれば、子どもは自分の力量に合ったちょうどのプリントを自分で選びますし、同じプリントを何枚学習すれば合格できるかと自分で判断できるようになります。宿題を何枚だったらむりなくやってこられると、自分で決められるようになるのです。つまり、学習が「言われてやる学習」から、「自分からすすんでやる学習」になったのです。

この学習システムのおかげで、自分が勉強できないのは「学校が悪い」「教師が悪い」「教え方が悪い」「教科書がむずかしすぎる」からと、一切の言いわけができなくなりました。もし「すくーるらくだ」に通いながら、勉強ができるようになっていかないとしたら、それは自分がプリントをやらなかったからです。ただ、それだけの理由です。ですから、どんな子どもでも自分なりのペースでらくだの学習を続けているかぎり、必ずできるようになっていったのです。

こんな当然のことに、私たちはどうしていままで気がつかなかったのでしょうか。私自身が学校教育の影響を受け、「学ぶことは教わることだ」という固定観念をもっていました。ですから、その固定観念からぬけ出るために、サマーヒルや水道方式に出会い、教える塾を実践し、公文式との出会いもあったのでしょう。

「押しつけない・強制しない・命令しない」と、「しないこと」をしながら、そのかかわりのなかでもっとも変わったのは私自身ではないかと思います。

私が子どもを信頼せず、宿題をしない子どものことで悩んでも、事態は何ひとつ好転しないことも知りました。私が子どもに宿題をさせようと思えば思うほど、子どもは宿題をしません。そう思うより、この宿題をやるかどうかは子どもの問題であって、私の問題ではないと思うことができれば、子どもは自分からすすんで学習することにも気づいたのです。

自分の能力を高めたいと思っていない子どもはいません。ですから、宿題をやらせようとするより、なぜできなかったのか、どうすればできるようになるのかを子どもといっしょに考えるだけでいい。つまり、子どもが自分からすすんで学習するかどうかは、私が子どもを信頼しているかどうかによって決まることに気づきました。

最近では、「この子は問題の子だ。心配だ」と思う子どもがほとんどいなくなりました。私が子どもを指導によって、どうこうできると思わなくなったからでしょう。以前なら「大変だ」と思うような子どもが来ても、「大丈夫、心配ない。そのうち自分からすすんで学習するようになるだろう」と、思えるようになったのです。

私の気がずいぶんと長くなったのでしょう。私がこんな気持ちになったことと、子どもたちが「すくーるらくだ」で自分のペースでリラックスして学習するようになったことと関係しているように思うのです。子どもに宿題をやらせよう、プリントをやらせよう、早く進ませようと思っている間は、子どもは私の顔色を見て、私のためにプリントをしていたのでしょう。しかし、子どもに対して「押しつけない・強制しない・命令しない」指導をおこなっていくなかで、らくだの学習は子ども自身の学習になっていったのでした。

「押しつけない・強制しない・命令しない」で、子どもとかかわれば子どもは自分からすすんで学習するようになる、こんな当たり前のことに気がつくため、私にはいままでの教育実践が必要だったのです。

●学ぶ力を発揮させる環境づくり

発足以来、「すくーるらくだ」は何回かマスコミにとりあげられました。朝日新聞のタイトルは「勉強をおしえない塾」、テレビ朝日は「教えない塾って何」。その他「教師は教えない」「勉強は教えないを理念に、子どもの自立心養う塾」……かと思えば、塾教育研究会発行の『塾教育レポート』では、指導方法についての類別がなされ、らくだは「何も教えない主義型」の塾に分類されています（何も教えない主義型の塾とは、教師主導の勉強を排除し、生徒が自力で勉強し評価することを求める型との説明があります）。

どうも世間的には**「すくーるらくだ＝教えない塾」**ということのようなのです。

二〇〇〇年二月一七日に、ＴＢＳ系列のテレビ番組Ｎｅｗｓ23で、「二〇〇〇年スペシャル・

ウィーク『心』」の四日目にすくーるらくだが紹介されたのですが、このときもタイトルは特集「教えない教育」（五〇分）でした。

自由の森学園（埼玉県飯能市）からの生中継で、キャスターの草野満代さんから、「『教えない教育』を一言で言うとなんですか？」と聞かれて、「教師を教えることから解放する教育です」と答えました。

よく考えてみると、はたして「教える塾（＝学校とおきかえてもさしつかえありません）」というものはあるのでしょうか。教えれば人は必ず賢くなる、何かを必ず身につける、と思う人はいないはずです。もしほんとうに教えることで人が賢くなるのなら、教える時間を長くしさえすればいいのです。

ところが実際には、いくら長時間拘束して教えても、教えられる子どもに学習する気がなければ、何も身につくことはありません。かりに子どもが勉強をできるようになっても、それは**子ども自身がやった**からであって、先生や学校・塾のおかげではないのです。

懇意にしているあるお医者さんはこんな話をしていました。

「医学が進歩したというけれど、大したことはないんですよ。カゼをなおせる薬さえないんだから。多くの人は医者に診てもらって、薬のおかげ、医者のおかげでなおったと思っているようだけど、ほとんど自分の力（＝自然回復力）でなおっているんです。薬なんて症状が悪くならないように抑えるだけ、薬がカゼをなおしているわけではないんですよ」。

病院や薬に頼れば病気がなおるという考え方と、学校や塾に頼れば子どもの勉強がよくできるようになるという考え方とはよく似ているのです。

「馬を水辺に連れていくことはできても、飲む気のない馬に水を飲ませることはできない」とは、よく言われるたとえですが、医療でも学習でも同じことです。医者がどんなに努力しようと、患者になおる気がなければ病気が長びくのと同様に、どんなに教え方のうまい教師がいても、自分からすすんで学習する気のない子どもに学力をつけることはできません。

＊

一九八五年の九月に亡くなったアメリカの著名な教育者ジョン・ホルトは、彼の著書『ハウ・チルドレン・フェイル』（『教室の戦略——子どもたちはどうして落ちこぼれるか』一光社）のなかで教えることについてつぎのように語っています。

「私の同僚だったビル・ハルが、私といっしょに五年生を教えた学校に勤め始めたころ、ビルは算数部門の主任教師の下、見習い教師として働いていた。その主任教師ははるかに年上の男で、一生、算数ばかり教えつづけてきた人。ＩＱの高い子どもたちのためのエリート校であるこの学校でも、すでに何年もの間、教えてきた人物だった。その教師がある日、授業が終わったあと、ビルにこんなことをいったそうだ。自分のライフワークである教育について『私は教えているんだよ。でも、生徒は学ばないんだ』とひとことこと。

これは、自分の仕事に正直な、大半の教師が知っていることだ。私自身、コロラドで教え始めて間もなく思い知らされたことである。私は教えたけど、生徒たちは学ばなかった。私が教える以前からできる子だった何人かは、そのままできる子でいた。しかし、できない子はよくならなかったし、大半は逆にもっとできなくなってしまった。もしも私たち教師がこのアメリカで『ベスト』と言われる学校へ行き、ＣとかＤをつけられた生徒のうち何人が最優秀のＡランクに変わったか成績簿でチェックできれば、その数は悲しいかな、スズメの涙にすぎないということを確かめることができるだろう。

私が長年にわたって問いつづけてきたこと、それは『われわれが教えていることをなぜ子どもたちは学ばないか?』ということである。答えは結局、こうである。『教えている――つまり、子どもたちの頭のなかみをコントロールしようとしている――からである』。

だれにでもそなわっている自然回復力を有効に機能させることが医師のしごとであるなら、教師のしごとは、だれにでもそなわっている自然学習力（好奇心・向上心等）を最大限に発揮できるような環境を用意することだといえます。

日本語の海（環境）のなかに身をおき、その人自身に日本語を話す気があれば、だれでも日本語を理解し話せるようになります。それと同様に、環境を用意すれば、日本語にかぎらずほかの教科でも、自分からすすんで学習を継続しているかぎり、だれからも教えられなくても必ずできるようになる――らくだの教材は、そんな学習を可能にする環境の一つとしてつくられたのです。

「Ｎｅｗｓ23」の特集が組まれたことがきっかけで、「教えない教育」の定義が次のように生まれました。

1．わからないものをわからないまま学ぶ教育
2．学ぶものを自分で決める教育
3．問題を表面化させる教育

これは、第三章の最後に述べる「新標準の教育」とは何か、と密接にかかわっています。

第二章　「すくーるらくだ」の学習システム
——セルフラーニング力を育てる

自分のやったプリントを自分で採点し、宿題も自分で決める。このセルフラーニングによって高い学習効果が得られることを見てきました。

つぎに、どの子ももっている学ぶ力を発揮させるために「すくーるらくだ」がとくに工夫した学習システムについてお話しします。

1.「自分からすすんで学ぶ」ためのシステムへ

●「学ぶ意欲」がなぜなくなる？

子どもでも大人でも、人はだれでも「勉強ができるようになりたい」と思っているということは、これまでにも述べたことでわかっていただけたと思います。

しかし、現実はそのようにみえません。勉強が好きな大人にも子どもにもあまり会ったことがないからです。小学校に入る前には学習意欲のかたまりだった子どもも、小学校に入ってしばらくたつと、入学前の意欲的な顔は消えています。同様に、中学に入ると英語が勉強できるとうれしそうに語っている小学六年生が、中学に入学して二学期をむかえる頃には、英語が大きらいになっている場合もよくあります。

なぜ、こんな事態になってしまうのか、学校や塾の「システム」のあり方そのものに原因があるにちがいありません。そこで私は、従来のシステムの一部を変えてみることで、人はだれでもほんとうに「勉強ができるようになりたい」と思っているのかどうか、見てみようと考えました。

私にとって、それは二度目の塾開設になりましたが、その塾の中に、従来の学校や塾とまるで異なったシステムをとりいれた実践を試みたのです。この塾がのちの「すくーるらくだ」になるわけですが、当時は、「教材開発研究所」と呼んでいました。一九八四年一月のことです。

かつて、私は授業中心の教えるかたちの塾（さえら塾・一九七九年二月に閉鎖）をやっていました。その塾では、一般の塾同様、小四〜中三までの生徒を各学年ごとに募集し、学年別のクラス編成をしていたのです。しかし、今回はその年齢制限の枠を一切とりはずし、学びたい人は、年齢と無関係にだれでも受け入れるかたちにしたのです。

変えたのはそれだけではありません。面倒をみた時間数で月謝をもらうシステムをやめ、教室に週一回来ても二回三回でも、四回でも月謝は同じ三〇〇〇円（当時）にし、年齢による月謝の格差もなくしました。そればかりか、教室で三〇分学習しようと何時間学習しようと月謝の額は変わらないようにしたのです。

つまり、同じ塾でもこの教材開発研究所は以前の塾と比べて、対象とする生徒の年齢と月謝のシステムにおいて、まるで違うしくみをとりいれたのでした。

このように、学びたいと思えば年齢にかかわらずいつでも学べるシステムのなかでなら、ほんとうに子どもでも大人でも、人はだれでも「勉強ができるようになりたい」と思っているかどうかを見ることができるかもしれない。月謝にしても、月謝の多少にかかわらず存分に学べる空間があれば、人はどうするのかを知ることもできると思ったのです。

●年齢制限・学年の枠をとり払う

年齢の場合は原則として四歳以上としましたが、本人の意欲さえあれば何歳からでも入会を受けつけることにし、上の年齢制限をやめました。

なぜ、こんなシステムをとったのかといえば、学習意欲とは何歳になったらわいてくるというものではないからです。同様に、何歳になったら卒業ということもありません。その人がやりたいと思ったときにやる、やめたいと思ったときにやめられるシステムこそ、「自分からすすんで学習する子どもを育てる」うえで重要な要素であると思ったのです。年齢と無関係に学習したいと思えばいつでも学習できるシステムを考えたとき、生徒募集に年齢の枠を設けて、制限することのおかしさがみえてきたのでした。

学校制度のように「六歳になったから学校に行って勉強する」というシステムになっていれば、それが常識になり、毎日家でお母さんから本を読んでもらったり、好きな絵をかいてもらうことは、勉強とは違うものだと思うようになっても不思議ではありません。ですから、「勉強とはある年齢になるとだれかがあたえてくれるもの」と思ってしまう人があらわれるのです。同様に

「学校を卒業さえすれば、勉強から解放される」という考えになる人も出るのです。

つまり、学校制度を前提に、その制度に準拠したかたちの塾をやることをやめ、まず、年齢制限の枠をはずすことをしたのでした。

しかし、枠をはずしたかわりに、一つだけ条件をつけました。原則として、どんな方でも受け入れることにはしていましたが、いくら母親の希望がつよくても、本人が「この塾で勉強したい」と言わないかぎり入会を受けつけないことにしたのです。

もし、いま、学習する気持ちが起きなくても、何一つ心配する必要もありません。学習は何歳から始めても手遅れということがないからです。いま、学習する気がなくても三日後にその気になるかもしれない。十年後になるかもしれない、大人になってからでも遅くはない。私が心底そう思っていたからかもしれません。在日韓国人の生徒の母親が英語を始めたのをきっかけに、大人の生徒が入りはじめました。

サラリーマンのお父さん、専業主婦のお母さん、小学校を退職した先生、大学生、イギリス人、アメリカ人、中国からの留学生と大人の生徒が次第に増えていき、気がついたときには大人の生徒だけで二〇名近くなっていたのです。

●大人が学びはじめる

一年半後の一九八五年六月に開設した「すぺーすらくだ」（のちに「すくーるらくだ」に改称）には、通信で学習している生徒も含めて、当時二五〇名の生徒が学んでいましたが、最年少は三歳。上は四五歳までに及んでいました。この教室におじいちゃん、おばあちゃんがいっしょに学ぶようになると、教室の雰囲気はもっともっとよくなっているでしょう。

いったい、大人がらくだで何を学習しているのかと疑問に思われるかもしれません。不思議なことなのですが、大人の生徒も子どもたちとまるっきり同じシステムで、算数・数学、英語、国語のプリントを学習しています。

中国からの留学生のように、日本語学校に通いながら日本の大学を受験したい、そのために、「日本語ができるようになりたい」「漢字が書けるようになりたい」とはっきりした目的をもって学習している場合もあります。しかし、これは特別のケースで、ほとんどの場合は自分の子どもが楽しそうに学習しているのを見て、自分もやってみようと始められた方ばかりです。

イギリス人の方も学習のきっかけは、自分の子どもでした。「すぺーすらくだ」のすぐ近くにある私立中学の英会話の先生をしていたのですが、子どもの勉強のことで相談にみえ、子どもが自宅で毎日学習しながら確実に成果が上がっていく様子を見て、この学習のやり方なら自分も漢字ができるようになるのではないかと思われ、子どもが入会して半年後、彼女自身も「すぺーすらくだ」の生徒になっていました。

外国人の場合には、主に国語教材（漢字）を学習していますが、日本の大人は、ほぼ全員が算数・数学教材をやっています。もちろんそのなかには、小学校や中学校のときに数学でつまずいた経験の方もいます。しかし、どちらかというと自分が算数・数学が苦手だったから、それを学習開始の動機づけにしている人は少数派、ほかの方々はこの教材で学習することで、自分でもまだ気がついていない可能性が開かれていくきっかけになるのではないかと、そんなつもりで学習にとりくんでいたようでした。

大人がらくだの学習をやる場合、目的は人によってかなり違いますので、当時、学習中の何人かに聞いてみました。

藤武礼子（四五歳・高校教師）……娘が三年前から、すぺーすらくだにお世話になっていて、娘がプリントをきちんと毎日やらない状態を見ていてイライラするよりも、自分が生徒でやったほうが楽なような気がしてやってみた。

今までの自分自身の生き方として、自分がやりたいと思ったこと、おもしろいと思ったことだけをやって自分に力をつけてきたと思うけど、おもしろくないことを続けるとどうなるかに興味があった。

数学は一番不得意だったし、つまずくとどうなるか、そこで自分の可能性がひらかれる気がしている。

友部衆樹（二五歳・すくーるらくだスタッフ）……らくだの通信生をもっていて、自分でもやりたくなった。どうして教えなくてもできるようになっていくのか、その教材の流れにも興味があった（現在は指導者は全員らくだ教材で学んでいる）。

教材をやることで公式が自然に身につくことを体験できたし、毎日プリントをしようとすることで、自分がどんな状態でいるかを知ることができた。プリント一枚をやるのに、五分か一〇分しかかからないわけですから、その時間がないという理由はないわけ。つまり、どのようにプリントをやっているかを見るだけで、自分がどの程度せわしない生活を送っているか知ることができたのは大きい。

永島公子（三二歳・専業主婦）……息子が公文に通っていたときに、微分積分を0点で卒業した高校時代のコンプレックスをどうにかできるようにならないかと公文の先生に相談したら、ためしに一日一〇枚（中学教材）ずつやってごらんと渡され、毎日一時間以上の負担に、ためし学習の段階でギブアップ。

そんな体験があったので、らくだ教材ならできると思ってはじめました。

教室の年齢制限をとり払っただけで、ほんとうにさまざまな年齢の生徒がすくーるらくだで学習するようになりました。高校生のお兄さんに混じって、その隣では五歳の女の子がプリントにとりくんでいるかと思えば、そこに中国の留学生もいます。学校には行かずに、すくーるらくだにだけ来ている中学生がいますし、定時制高校に通いながら昼間はすくーるらくだ、大学検定試験をめざしている生徒もいます。また、程度の差こそあれさまざまな障害をもっている子どもも学んでいます。私立中学を受験する気になって、すごくハードな進学塾に通いながら、すくーるらくだに来ている小五生がいるかと思えば、すでにその私立中に通っている子どもが隣で学習しているという具合です。

2. 来なくてもよい塾へ

●週に何回通っても月謝は同じ

以前の塾では、私は子どもの面倒をみた時間数で月謝を請求していました。週何回で何時間通うクラスだからいくらとしていたのです。世間一般の塾はほとんどこの形態になっていますが、このシステムは生徒の面倒をみればみるほど、塾の側に月謝が多く入るというしくみです。

こんなしくみになっていますから、最近では週三回通う塾は常識になり、週五回週六回の塾まででてきる始末です。宿題を出してもやってこない、それならばできるだけ塾に拘束して、そこで勉強を強制的にやらせれば、親からは熱心な塾だと思われ、月謝もたくさんいただけるという寸法です。子どもを長時間、塾に拘束することで、塾に行ったときしか勉強しない子ども、自分からは決して勉強しない子どもを育て、子どもに依存心さえ育てているにもかかわらず、自分は子どものためにいいことをしていると思う教師がいるのです。こんなことを平然とやり続ける教師を見ていると、薬をもらうことで安心する患者のために、効きもしない薬を出しつづける医者につくづく似ていると思うのです。

なぜ、こんなことが起こるかといえば、長時間子どもを拘束することで教師の収入が増える、薬を出すことで医者の収入が増えるシステムになっているからなのです。

このしくみをそのまま二度目の塾にもちこめば、自分の学習は自分でできるようになっている生徒まで塾に拘束し、塾で多くの時間をかけて生徒をみることで月謝をとるようになる危険性があると思ったのです。

ですから、教室に週何回来ても月謝は同じ一万一五〇〇円（通信生は一万二五〇〇円）、年齢による月謝の格差もなくすことにしました。そればかりか、教室で三〇分学習しようと何時間学習しようと月謝の額は変えないようにしたのです。一般的にこんな形態をとれば、月謝が同じならできるだけ多くの回数を塾に通わせたいと思うはずなのですが、そうはなりませんでした。入会のときに、つぎのように話したからです。

「週何回通っても、何時間ここで学習しても月謝は同じですが、原則としては週一回です。本来、勉強は自分でするものですし、自分でやったことだけが本物の力になるのですから、塾に来なくても大丈夫な子を育てることを目的にこのすくーるらくだは運営されています。

基本的には自宅で学習できるようになればいいのですから、とりあえずは週一回の学習でやってみて、どうしても無理がある場合には、本人と相談して週一回を二〜三回に増やすようにしましょう」。

以前は、こんな取り決めをしていたため、なかなかプリントができず、週一回の子が週二回、三回に増えていくこともあったのですが、教室を続けているうちに、週何回も来る子は一人もいなくなりました。むしろ、二週間に一回とか、三週間に一回の子が増えて、一番来ない子は六週間に一回という子まで出てきました。家で毎日学習することができる子は、教室にたびたび来なくても、なんら支障がないのです。

以前は、「一日おきに学習するほうが学習しやすい子ども、毎日は決してやらずにまとめてやったほうが楽な子どももいる」と思っていました。この当時は、子どもに一週間にやる枚数を聞いて渡していたので、こんなふうに感じ、毎日六枚やらされるよりも、自分で決めた三枚とか四枚のほうが学習効果が高まると思っていたのです。

しかし、「毎日プリントをやる」と決めて六枚持って帰った子と、「一日おきにプリントをやる」と決めて三枚持って帰った子を見ていると、六枚持って帰った子のほうが圧倒的にプリントをやってくるのです。それればかりか、「三枚やる」と決めて持って帰った子が三枚ができたから、次は四枚、次は五枚と増えていくこともまずありませんでした。

そこで「一日おきにプリントをやる」より、「毎日プリントをやる」ほうがずっと楽な学習であることが見えてきたのです。一日おきであれば、やる日とやらない日があるのですから、一日ごとに、「今日はやろうか、やめようか」と悩むことになるのですが、毎日が前提であれば、そんなことでは悩みません。一日のなかでいつやるかを考えるだけです。『セルフラーニング・どの子にも学力がつく』の本を出してから数年後、「毎日やることを前提にするのがらくだの学習」だったとわかったのです。

ですから、そのことに気がついてからは、入会のときに、「らくだの学習は毎日一枚が原則なのだけど、大丈夫?……でも、どのプリントを持って帰るかは自分で決めるから、学校の宿題とは違うよ」と話し、確認をとるようになりました。指導上の大きな転換でした。

したがって、子どもが持って帰るプリントは一日一枚以上ですから、五枚以下の選択肢はなくなったのです。それでもやっているうちに、プリントがむずかしくなってくると、「毎日はいやだ。何曜日と何曜日はやりたくない」と言う子が出てくる場合もありましたが、最低六枚は渡しました。私が子どもにやらせる六枚ではなく、子どもがやる権利がある六枚です。

「どうしても、やる時間がないのだったら、プリントを全部最後までやらないで、『最低何分はやる』って決めたほうがいいんじゃないの? ……やれるときだけやるより、やれそうもないときにどう時間をやりくりしてやるかが一番大事なことだよ。でも、やるかやらないかはあなたの問題だから、自由にすればいいけど、とりあえずプリントは渡すよ」。

などと話しながら、私がらくだ教材を使って子どもたちに伝えたいのは、「忙しいなかでやり続けることのだいじさ、やる気がないままやることのだいじさ」等々であることが鮮明になっていきました。

「毎日一枚」という取り決めが、思いもよらない力を育むことにつながっていったのです。

●出入り自由な空間　入会金は生涯有効

この本を出してから、十数年が経過し、私の教室を通過していった生徒は三〇〇〇人近くに及んでいます。その生徒の内訳も、不登校・ひきこもりと呼ばれている生徒が約一割、幼児が二割、高校生以上大人（私の教室では最高齢七八歳）までが一割で、小学校の高学年と中学生で三割、小学校の低学年が三割と、各世代にわたっています。さまざまな状況をかかえている生徒がいるのですが、最初から入会金は生涯有効、入会金は家族単位にしておいてよかったとつくづく思います。

ふつうは子どもの学習からスタートするのですが、子どもが学習する様子を見ていて、「私は数学は苦手だと思っていたけれど、こんなやり方で学ぶなら、私だって数学はできるようになるかもしれない」と思われるお母さんやお父さんがいらして、家族のうちのだれかが始めるケースが結構あるのです。

そんなばあいは、らくだ教材を使っての学習にどんな意味があるかがわかっての入会ですから、ほとんどその主旨を説明する必要がありません。だから、そこで、ほかの家族の方のときに入会金をなんて気持ちにはなれませんから、入会金は家族単位で、家族のだれかが入会金を払っていたら、ほかの方は払う必要がないシステムは妥当だったと思います。

また、らくだ教材で学びはじめると、途中で壁にぶつかり、「やめたい」と言ってこられる方がいます。しかし、またしばらくして、「やっぱり、やってみる」と、再度入会されるケースが多々あるのですが、この場合も入会金を再度いただいてはいません。いただく気にはなれないのです。このような現実に何度も出会い、やっぱり入会金は生涯有効にしておいて、ほんとうによかったと思っています。

3. レッテルを貼られない空間へ

●「塾」でないスペースを

私がこの教室を始めるにあたってもっとも気をつけたことは、「この教室はこんな子どもたちが通う教室だ」というレッテルを決して貼られないようにすることでした。「受験を目的にした塾」「学力遅進児を対象にした塾」「楽しい授業を目的にした塾」「不登校の子どもたちを対象にした塾」と、さまざまな塾がありますが、そのようなレッテルだけは貼られたくないと思ったのです。一九七六年四月、私が生まれて初めて自分でつくった塾、「さえら塾」のチラシにはこんな文章をのせていました。

「この世界に問題児などいない。いるのは問題の親、問題の教師である」とは、イギリスが生んだ二〇世紀最大の教育者A・S・ニイル（サマーヒル・スクール設立者）の言葉です。

これを自戒の言葉として、教育はもともとそれ自体が楽しいもの、素晴らしいものという考えの上にたちながら、どんな子どもにも備わっている一人ひとりの伸びる芽を大切にし、一人ひとりの子どもに合わせた塾作りを展開します。

一、暗記やつめこみより「考えること」を大切にし、本当に「わかる」まで取りくむ姿勢を養います。

二、専任講師がていねいに教えます。基礎からのつみあげを重視するために小学生には水道方式（算数）・ＧＤＭ教授法＊（英語）を採用します。

三、少人数クラス（十名以下）で「一人ひとりに合わせた」指導をします。

四、休日を利用してのレクリエーション（スケート・ハイキング・工作など）にも力を入れます。

＊ＧＤＭ教授法は米国ハーバード大学で研究され日本でもかなりの歴史をもっています。基本的な文型・語彙を日本語を使わずに段階的に身につけていくことのできるユニークな教授法で、入門期の児童の指導に大きな成果を上げています。

この結果、私の塾には「ふつうの塾ではみてもらえない子ども」「特別に手をかけなければ授業が理解できない子ども」「学校で先生にシカトされている子ども」らが多く集まるようになりました。親の意識も最初から「うちの子は、特別に勉強ができるようにならなくてもいいですから、勉強がきらいにならないようにして下さい」という程度の期待だったのです。

「楽しい授業」「わかる授業」を看板にしていましたから、子どもたちは喜んで塾に来ました。「学校の授業よりも、塾のほうがおもしろい」という子どもも何人もいました。それはそのはずです。「生徒がわかるとわかるまいとにかかわらず、教師が一方的に授業を進めていく学校」と比べて、「わかっているかどうかを一人ひとり確認して授業を進めていく塾」のほうがおもしろいに決まっているからです。

それだけではありません。学校では、「お前なんてどうせわからないだろう」と指名もされない子どもたち、教師から無視されつづけている子どもたちでも、「さえら塾」の授業には参加することができたからです。そんな子どもたちにとって、学校よりも塾の授業のほうが楽しいのは当然の結果でした。

しかし、親から見れば子どもが塾に喜んで行くのは、なかなか理解できないようでした。「勉強をしに行っているのではない。遊びに行っているから楽しいのだ」と思っている親もいました。また、塾で主催するレクリエーション（スケート・ハイキング・工作など）に参加させたいから、この塾に入れているという親まであらわれ、さえら塾は地域で「遊び塾」というレッテルを貼られるようになったのです。

このようなレッテルを貼られると、その塾の中でどの子どもにもある無限の可能性の芽をのばすことはむずかしくなります。「あそこの塾はできない子どもの行く塾だ」という噂が広がって、さえら塾で勉強ができるようになってきた子どものなかには、ほかの進学塾に代わる子も出てきました。

塾を代わる子どもたちは、親の意見を聞いてというケースがほとんどですが、子ども自身にしても「自分はできないから、この塾に来ているのだ。ふつうの塾に行けないのは、自分が問題をもっているからだ」と思ってしまう場合もあるのです。そんな子どもにとって、この塾はふつうの塾に通えるようになるまでの橋渡し。おかげでそんな塾には一般の塾には適応しにくい、なんらかの問題をもっているという意味で似た感じの子が多く集まる結果になってしまいます。つまり、塾の経営者が意図するしないにかかわらず、レッテルを貼られてしまった塾は、その塾にいること自体がある子にとっては劣等感をはぐくんでいくことにもなったのです。

そんなこともあって、二度目の塾を開設するときには、とにかくレッテルを貼られない塾にしようと思ったのでした。

目的は「自分からすすんで学習する子どもを育てる」一本に絞って、以前の塾でおこなっていたような休日を利用してのレクリエーション（スケート・ハイキング・工作など）や夏の合宿などの行事も一切やめました。

●「学習」だけが目的

塾の主催で行事を企画しているかぎり、「あの塾は勉強の内容はともかく、夏休みに合宿に連れていってくれるから」という理由で、わが子を塾に入れようとする親がでてきます。「勉強すれば、キャンプに行けるよ」と行事でつって勉強をさせようとするのです。当初は、それも塾への入会理由のひとつとして、歓迎していたのですが、そんな親の「勉強の内容はともかく」という思いが子どもにも地域にも伝わって、学習そのものが軽んじられる結果になるのです。

そんな親の子どもは、最初から勉強をあきらめてしまっています。そんな子どもが増えたのも、さまざまな行事でつって生徒募集をした結果になったからだと、二度目に開設した塾では、一切の行事をやめたのでした。

塾に入りたいこと、すなわちしたいことは勉強であると明確にわかるようにするには、勉強以外のことは何もしないにかぎると思ったのでした。

第三章　学力はだれにでもつく
――セルフラーニングの秘密

「学力がつくかどうかは、生まれながらの頭のよしあしによる」「学力をつけるにはごほうびや罰が必要だ」という意見をよく聞きます。これらははたしてほんとうでしょうか？ここではたんに「勉強ができる」よりもっとだいじなこと＝「自発性」について考えていきます。

1．学力とは何か？

●基礎学力がつけば万事うまくいく

「らくだ教材を使った学習」を始めるきっかけになったのは長男・有太のための教材づくりだったことは第一章で述べた通りです。

もし、有太が学校に行かない状態になっていても、体力がつき、「ぼくやっぱり学校に行きたい」と本人が言いだしたときに、自分の学年の授業に出ても、授業に参加できるためには、それまでに最低何をやっておけばいいのだろうかと考えたのです。いま、学校でおこなわれている内容は盛りだくさんでも、その内容が中学、高校につながっていく部分はかぎられています。

そこで、かりにアメリカに留学する場合に最低何を学習しておけば、留学して困らないかと考えました。アメリカの学校の授業に出てもわかるためには、「英語力」だということは、だれにでもすぐにわかるでしょう。この英語に当たるものが、小学校で教えている内容では何かと判断したときに、ひとつしかありませんでした。「計算ができること」だけです。

このことに関しては、学校に通いはじめたからといって急にはできるようになりません。毎日のつみ重ねの結果だからです。しかし、これさえやっておけば、学校の授業で困ることはありません。あとの学習はどうにでもなるのです。

しかし、実際にこの教材をつくってみて、この教材で学ぶ人たちを見ているうちに、このらくだ教材がめざしているものは、「計算ができること」だけではないことに気がつきました。この教材をやっていれば、結果として計算もできるようになります。しかし、そんなことよりも、**その力をつけるプロセスそのものに意味がある**ように思えてきたのです。

一切「押しつけない・強制しない・命令しない」空間のなかで、なぜプリントをやれるのかといえば、淡々とやれるかどうかだけだからです。自分でやることを決め、自分の判断でそれをこなしていく体験を重ねていくこと。他力的ではない学習体験をつむこと。できなくなってもその自分を否定せず、だれかにできるようになる援助をしてもらう。目的達成の早い遅いという個人差があったとしても、やりつづけているかぎり、その子なりに必ずできるようになっていく体験ができるのです。

その結果、「どんなことでもやればできるという体験」が、「基礎学力をつけるという具体的な成果」よりも、ずっと貴重なものに思えてきました。

つまり、基礎学力習得のプロセスをだいじにすることで、壁にぶつかってもあきらめず、苦しみを楽しみに変える能力が育つようになったのです。「楽苦《らく》だ」という名称をつけた意味が見えてきました。

●「学力」はどの子にもつく

「学力がある子ども」というと、一般的には「学校の勉強ができる子ども」「成績がいい子ども」のことをさすと思っている人が大半です。しかし、ただ学校の成績がいいだけで、なにひとつ自発的にできない子ども、学校や塾から言われたこと以外の勉強を自分からは決してしない子ども、先生の教えてくれた解き方で解くだけで自分流の解き方を考えない子ども、自分の学ぶ課題を自分で見つけられない子ども、自分の興味あることにしか没入できない子どもが、はたして学力がある子どもといえるでしょうか。

子どもはいったいどこで学力を育てているのでしょう。

まだ学校に行かない年齢の子どものばあい、とくに勉強と遊びの区別はしていません。お母さんやお父さん、身近な人の話を聞きながら、自然に日本語を身につけていってしまいますし、大人が読んでくれる本から、テレビからじつに多くのことを吸収し、それらを自分のものにしているのです。その身につけ方といったら、みごととしかいいようがありません。

だれも教える人がいないのに、これを子どもに身につけさせようと思う人もいないのに、自然に身につけてしまうのです。これは遊びでこれは勉強だから、などとそんな区別をしないから、学ぶことを意識せずにあらゆるものから吸収して、身につけてしまうのでしょう。これを食べて何々の栄養をつけようと意識せず、おなかがすいたときに食べたいと思ったものを食べることで、そこから自然に栄養をとってしまうことに似ています。

このように、本来だれにでも学ぶ力はそなわっているのです。

にもかかわらず、学校に通うようになると、自然には学べなくなってしまうだけでなく、学ぶことを拒否する子どもさえ育ってしまいます。人から教えられること、自分の望んでいないことを押しつけられ、強制させられ、さらにやりたくもない宿題をやってこいと命令されることで、学ぶことが苦痛になってしまうのです。つまり、学校でおこなうことが学習だと思うことで、学習とは楽しくないこと、苦しいことを我慢してすることだと思いこんでしまうのです。

その結果が、大学に入学したとたんに一切勉強しなくなる学生の大量発生。彼らにとっての学ぶ目的は大学に合格することでしたから、大学に受かればもう勉強する理由がないのです。まして、「勉強しなさい」と学ぶことを強制する人がいないのですから、試験勉強以外の学習を自分からすすんでするわけはありません。つまり、このように一方的にやらせる教育、手とり足とりの少人数教育、教えすぎ教育が、本来、だれにでもそなわっていたはずの学ぶ力を喪失させてしまったのです。

大人がじゃまさえしなければ、「学力はどの子にもつく」のです。

*

しかし、「学力があるかどうかは、その人の生まれながらの頭のよしあしと関係があるのではないか」という人がいます。しかし、いったい何をもって、「頭がいい」「頭が悪い」というのでしょうか?

つぎにA君とB君を例にこの問題を考えてみます。

2.「頭がいい」「頭が悪い」とは何か?

●頭のよしあしは「処理能力」

A君とB君は、現在中学二年生。小学校時代の二人の通信簿は、ほとんど同じ。ライバル同士として励ましあっていたのですが、中学二年の二学期を境にA君の成績がどんどんのびていき、B君の成績はのびなくなってしまったのです。

ふつうこのような場合、これはA君がB君よりも「もともと頭がよかったからだ」と納得してしまうケースが多いのですが、いったい頭がいいとはどういうことなのでしょうか。

A君とB君が学校から帰って家でやる勉強時間はほとんど同じです。同じ塾に行って、同じ先生から、同じ時間教わるのですから、外的環境にその差を見いだすことはできません。何かが決定的に違っていたのです。

A君とB君が一時間の家庭学習をしたときの内容を考えてみると、こんな具合です。A君はあたえられた宿題は一五分で仕上げ、残りの四五分は自分で買ってきた問題集を自分でやっていました。B君は宿題を終えるだけで一時間を要していました。つまり、A君の処理能力がB君の四倍だったということです。ただそれだけです。

これはなにも勉強だけにかぎりません。たとえば何の訓練もしない状態でA君とB君が腕ずもうをしたとします。A君とB君に体力に差がある場合には、必ずどちらかが勝つでしょう。かりにA君が勝ったとしても、B君が一念発起して力をつけようとウェートトレーニングをおこなえば、A君が何の訓練もしなかった場合には、再びB君と腕ずもうをやっても勝てない事態だって起こります。腕ずもうの場合には、生まれながらの体力差をウェートトレーニングによって克服できますが、この体力差にあたるのが勉強の場合には処理能力の差なのです。

ですから、適当な時期に適当な方法で、処理能力を高める訓練をしておけば、生まれながらの能力差を克服することはできるのです。

処理能力の差をそのままにしておいて、A君とB君がいくら同じ時間学習したところで、差はつくばかり。それならばとがんばってB君がA君と同じ学習量をこなそうと思っても、A君が一時間で学習する内容と同じ内容をやろうと思えば、単純に計算して四時間の学習時間が必要になってしまいます。そんなに長時間とりくんだところで疲労が蓄積され、集中力も落ち、効果は上がりません。

このことをもっとわかりやすくいいかえると、勉強のできる人は短時間の勉強で効果を上げる人、勉強の苦手な人は長時間勉強しても効果が上がらない人というわけです。

処理能力の高い人は、短時間の勉強で学習効果を上げるのですから、そのあいた時間を使ってほかのことをして気分転換をし、さらに学習効果を高めます。逆に、処理能力の低い人は、長時間勉強したわりには目に見える効果が上がらず、学習意欲も減退するという悪循環におちいってしまうのです。

このように、一見「頭がいい」「頭が悪い」といわれる子どもの能力の差は、じつは処理能力の違いによるものが大部分なのです。処理能力をそのままにしておいて、やみくもに大量の問題集をあてがって、何時間も机の前に座らせてもムダ。何よりもまず「処理能力を高めること」が必要です。

処理能力の差は、「やる気」の差にもつながります。A君はお母さんから何も言われなくても、自分からすすんで塾に行き、勉強する時間になると自分から部屋に入って勉強していました。それに比べてB君は、A君が行くから自分も塾に行くという感じで、自分からすすんでというより、いやいや塾に行っていたのです。勉強も、お母さんに毎日のように「さあ、勉強する時間でしょ」と言われて、やっと重い腰を上げて、自分の部屋に行くという感じでした。

「自分からすすんでやっていたか」「言われたからしかたなしにいやいややっていたか」による違いがありました。同じことを学習する場合でも、すぐにやり終えてしまうA君と時間のかかるB君とでは、学習にとりかかる前からその負担も違っていたのかもしれません。

処理能力が遅いことが、自発性のブレーキになり、自分からすすんで学習にとりくめないから処理能力も高まらない、という悪循環におちいっていたのです。

これほどたいせつな「処理能力」とはいったい何なのかを、つぎに考えていきましょう。

3.「処理能力」とは何か？

●「スラスラできる」ことのたいせつさ

私の教室では、処理能力を高める道具としてプリント教材を使用しています。どんな名教師が名授業をやろうと、**本人が自分で手を動かして学習しないかぎり決して身につかない要素**だけをこのプリントの中に入れて教材をつくりました。

算数・数学教材は計算。国語教材は漢字。英語は英文で書く。それだけが盛り込まれている単純な教材です。一切教えなくてもこのプリントを学習しているだけで、まだ習っていない単元であっても、その計算法則を自然に身につけていけるように配慮して教材をつくったのです。

この教える必要のない教材を使って、「押しつけない・強制しない・命令しない」指導をしました。採点も自分でおこない、まちがえたところを自分で訂正し、ミスが多く時間もかかっているようであれば、同じプリントを何枚もくり返す。もちろん自宅に何枚の宿題を持って帰るか、その種類も子どもが決めるというやり方です。

そのときに大きな役割を果たしていたのがストップウォッチです。

一枚のプリントには、目安時間が設定されています。その時間ですらすらできるようになって次のプリントに進めば、学習の負担が少ないということを子どもたちは知っていますので、「やり方がわかった」「どうにかできる」という程度の状態では、決して次のプリントに進もうとはしません。

同じプリントを何回学習するかを子どもたちにまかせていますので、同じプリントでも人によってその復習回数はじつにさまざま。二～三回くり返すだけで目安時間でできるようになる子どもがいるかと思えば、同じプリントを五〇回以上くり返す子どももいます。かと思えば、目安時間でできるようになっても決して先に進みたがらない子、時間に達しないのに先に進みたがる子もなかにはいます。

つまり、そんな子どもたちの学習のしかたを見ながら、「やっとできる状態」から「すらすらできる状態」になっていくのは、ほんとうに人さまざまであることを目の当たりにしたのでした。とくに、それは計算のプリントにおいて顕著だったのです。漢字であれば、その子どもによって何回くり返せば「すらすらできる状態」になるかは、おおよそ決まってくるのですが、計算になるとまるで予測がつきません。

かけ算のプリントを何回もくり返して苦労した子が、わり算に入るとスイスイ進んでいったり、その逆もあります。どの単元がすらすらできないのかはほんとうに人さまざま。その人がその単元をすらすらできるようになるために、何回学習したらいいのかなど、やってみなければまるで予測がつきません。つまり、学習してみなければどのように進んでいけるかわからない学習システムだからこそ、そこで学習者の判断力が問われるのです。

●処理能力のあらわれ方

この学習を始めたころ、私は「計算がすらすらできるようになること＝処理能力があること」だと単純に考えていました。しかし、子どもたちを見ているうちに、それが具体的にどんなかたちになって出てくるのか、知らされる結果になりました。

私のところに通う子どもの多くは、ある時期がくると、私の教室以外にも卓球、サッカー、水泳、テニス、バスケットボール、絵画教室、演劇教室、児童館のクラブ、学校のクラブ、受験塾と積極的に自分からすすんでやりたがるようになるのです。

しばらくだの学習を始めて、いつこんな状態になるのかといえば、年齢や学年と関係なく、ある一つの傾向があることに気がつきました。

245÷45のような2ケタでわるわり算の単元を終えるころから、約分・異分母同士のたし算の学習をしているころです。24÷8のようなわり算はたんに九九の逆ですから、かけ算しか使わないのですが、2ケタのわり算では、いままで学習した、たし算・ひき算・かけ算・わり算のすべてを同時に使用しなくては答えが出ないのです。

245÷45の場合には、まず24÷4として計算し、6をたてれば45×6＝270となります。245より大きくなるわけですから、6→5として45×5＝225を計算し、245−225で答えは5余り20となるわけです。つまり、たし算・ひき算・かけ算・わり算のすべてを同時に使用するのは、この2ケタのわり算の単元が最初になるわけです。

この単元をいいかげんにして先に進むと、数感覚が鈍いままですから、たとえば52と39の2つの数を見て、そこから瞬時に最大公約数の13が浮かぶことはありません。同様に$\frac{1}{12}$と$\frac{7}{18}$の異なった分母を見て、共通分母（最小公倍数）の36もすぐには出ないのです。

つまり、異なった二つの数を見て、そこから瞬時に共通要素をひきだす作業は、たんなる加減乗除の能力とは違うのです。どちらかといえばこれは情報処理能力。異なった二つの情報から相似性をぬきだす作業に近いものを感じたのでした。

ですから、子どもがこの単元あたりを学習しはじめると積極的になって、同時にいくつものおけいこごとに通うようになっても不思議ではなかったのです。

その当時中学二年になっていた私の息子も同様でした。小学生の一時期、本人がやってみたいというままにまかせていたのですが、同時平行で一〇近くのおけいこごと（クラブ活動を含めて）をやっていました。かといって、いくつものことを同時にこなす状態がいつまでも続いていくわけではありません。これも個人差がかなりあるのですが、息子の場合には一年ほどの期間をへてほんとうにやりたいこと（バスケットボールと英語）に収束していきました。

なぜ、こんなにいくつものことができるのか、時間をいったいどうやりくりしているのか不思議でなりませんでしたが、処理能力がつくというのはこういう状態をいうのか、とそのとき実感したのでした。

4. 何よりたいせつな「自発性」

●「ほめない」「評価しない」ことのたいせつさ

競争させ、ほめたり表彰したりして、外から刺激をあたえて学習させていくのが「外的動機づけ」の学習とすると、それに対して、競争させることもせず、表彰をしなくても学習するようになることを、自分からの「内発的動機づけ」による学習といいます。

単純な計算を速くやらせるためには、公文塾のように進度一覧表なるものをつくって自分が全国で何番であるかを意識させればがんばるにちがいないと思われていました。しかし、この方法でやっていくと、学年以上の教材を学習するようになると、徹底的に教えないと自分の力だけでは学習ができなくなってしまうのです。自分で仮説をつくり、推測していかなければ先に進めない段階になったときに、競争させられたり、ほめられたりして学習してきた子どもは、行きづまってしまうのです。

なぜそうなるのかといえば、『ヒドゥン・コスト・オブ・リウォード（報酬の隠れたコスト）』という本にもある通り、外的動機づけによる学習というものは、一見ひじょうに効率を上げるようでいながら、そのじつものすごい代償を支払っているからです。

たとえば、子どもが絵を描いてきたのを「上手だね」とほめてしまうと、何枚でも絵を描いてくるには描いてきても、絵はどんどんへたになる現実があります。評価することはじつにこわいことなのです。

ですから、「自分でわかる」「自分でわかった」という感じになるべくもどすためには、「ほめない」「評価しない」ことが不可欠であり、そうしていくことで、内発的動機づけがうまく育つような状況がつくれると思うのです。

計算は、一般的には単なるドリル・アンド・プラクティスと思われがちですが、一切教えずにいた場合、子どもがどのようにその計算法則を身につけていくのかその様子を眺めていると、その法則を自分なりに発見していく過程そのもののなかに、内発的動機づけがひそんでいるように思えるのです。

たとえば、こんなことがありました。六歳の子どもが6＋6・7＋6のような＋6の問題がスラスラできる状態で＋7に入ったときに、突然ミスが多くなったのです。＋6までスラスラできるなら7＋7の問題でも、まず7＋6をやってその答えに1をたしているのかと思えば、やり方は予想と全然違っていました。この子どもに聞くと、7＋7は7を5と2にわけて、5＋5＝10　2＋2＝4で10＋4＝14、9＋7の場合には、9は10－1だし、7－1＝6　10＋6＝16、8＋7は8を4と4にわけて、7を6と1にわけ、4＋6＝10　4＋1＝5で10＋5＝15というのです。

大人からみれば単純計算にしかみえない計算でも、子どもにとってはそのやり方を教えられなければ、どんな子どもでも自分なりにそのやり方をくふうしているにちがいありません。ですから、自分なりの法則を見いだすという内発的動機づけのおもしろさを実感した子どもにとって、「ほめられるから」「評価されるから」学習するということは低次元の動機づけにしかならなかったのです。

＊

子どもが自分からすすんで学習するようになるために、「ほめること」や「評価すること」という外的動機づけがいかに意味のない行為であるかを、子どもたちとの実践のなかで私は体験していました。そんな行為は一時的には学習の動機づけになったとしても、長い目で見た場合に何の効果もないことを実感していたため、内発的動機づけをどうやって育成するかに腐心した結果が、「押しつけない・強制しない・命令しない」指導だったのです。

そして、教材だけでなくこの教材の使い方も含めて、このらくだの学習システムがほぼ完成に近づいたころ出会ったのが、佐伯胖《ゆたか》氏の著書『「わかる」ということの意味―学ぶ意欲の発見』（岩波書店）でした。私が十数年におよぶ子どもたちとのかかわりのなかで追いかけて実感してきたことを、佐伯胖氏は理論としてこの本のなかで展開していました。

読み終わった数日後には、東京大学教育学部の佐伯氏の研究室を訪ねていました。「らくだ学習法」について話したあとで佐伯氏からうかがった「固定能力観」と「変動能力観」の話がとくに印象に残りました。以下はそのときの要約です。

によるのです。

●「能力」は変動する

この「内発的動機づけ」がうまく育つかどうかは、その子どもがどんな能力観をもっているかによるのです。

頭がいいとか悪いとかいうことは生まれつき決まっているという考えを「固定能力観」と呼び、それに対して、能力は変わりうるものという考えが「変動能力観」となります。

「変動能力観」をもっている子は、「できる」というと「何ができることなのか」と考えますから、能力というのは一人の人間のなかで個別の課題に応じて存在するものと思っています。ですから、そんな子にとって、能力はその課題の克服を通して実感されていきますから、内発的動機で動く結果になります。

それに比べて「固定能力観」をもっている子は、結局「できる」というのは何でもできることだし、「できない」ということは何もできないことだと思っています。その子にとって、能力とは課題に応じてではなく何にでも通用する「一般的能力」のことであり、それをもっている人ともっていない人がいるというように考えてしまうのです。

しかし、らくだのようなやり方で学習を進めていくと、だれにも教わらずに独力で解いていけるわけですから、自分自身が「できた」という感覚を味わうことを体験しつづける過程で、自分の能力の変動性を感じるようになります。

自分が「できた」と思う一番の原点は、「自分で仮説をつくれた」「自分で何かやってみたらうまくいった」という実感です。ほうびをもらうため、人にほめてもらうために、やっている場合はダメです。ほうびをもらうことが目的になって、やっていること自体を楽しめなくなってしまうからです。

ほめられるためではなく、やっていること自体のなかに意味があるわけですから、一つひとつの作業、困難と思われる作業を、自分で克服できたと感じたとき、その「自己原因感覚」に、能力の「変動感覚」が重なっていきます。

また、固定能力観をもっていると、「自分はできるのだ」と思いこんでいる子どもの場合にはこんなことが起こります。

能力別クラスのシステムのなかで上位のクラスに入ることをめざしてがんばっている子どもが、いざ入ってみると、とたんにくじけてしまうことがあります。なぜ、そんなことが起こるかといえば、まわりがみんなできるようになったからです。一般的にすべてのことが周囲よりできることを能力だと思う「固定能力観」のおかげで、「できる」レベルが周囲と並んでしまったため、やる気を失ったのです。「自分は頭がいい」という意識がその子どものなかにあったため、能力別クラスに入ってつぶれてしまう結果になったのでした。

こんな結果になる子は、「自分は何か新しいことがわかった」「自分がほんとうにわかった」というところでのフィードバックが、じつはずっと殺されてきたのです。それにもかかわらず、できるようにされてきた、あるいは自分は能力があったからできたんだ、という固定観念があって、そこにいるうちはできるけれど、そこから出ると「もうダメだ」とあきらめてしまうわけです。

「女性の場合、中学くらいになると数学ができなくなることが多い。それは、数学が中等教育レベルになると、それこそ本気で自分で仮説をつくらないと解けなくなることに起因している」と、キャロルという女性心理学者が言っています。数学が解けるかどうかはやってみないとわからない、事前に見当がつかないという世界になってくる。そうすると、勉強することがひじょうに不安になってくるわけです。

それに対して、国語や社会はいろいろ本を読んだりしているとアタリがつく。自分でこのへんの能力はあるんだなという感じになって、固定能力観が維持できるから、そういう人は文系で勝負をかけるようなタイプになります。

キャロルは「それが性差別の原因になっている」とも言っています。どうして女性がそうなりやすいかというと、「女の子を育てるときには、やはり見かけがかわいい子だとか、外からの報酬や外的評価で動機づける文化があるからだ」と。

「かわいい」「きれい」と外からの評価をだいじにする育て方は、固定能力観そのものです。美人に生まれたからよかった。美人に生まれなかったらもうダメだ、ということになる。そういう固定能力観が、女の子の場合はわりと形成されやすい。それが原因で、算数みたいな分野では一度くじけるとのびなくなるというわけです。

自分から仮説をつくるのではなく、自分のなかにあるものがパッと何かに使えたときはよくて、使えなかったからモトがないんだという発想になる、これが固定能力観的な意識です。

課題に対して、自分がうまく対応できなかったらどうしよう。そういう不安がものすごくある。子どもの場合、究極的にはその不安とのたたかいです。勉強しないとか、努力しないとか、それは不安からの回避です。

努力してもダメだったとなると、もう自分のなかに何もなかったということになってしまう。その証明が一番こわいわけです。そのために、固定能力観をもっている子どもは、努力をなるべく避けます。いいかげんなことをやりながら、それを放っておく。しないからできないんだという言いわけができる態勢をつくる。自己防衛がはたらくわけです。

しかし、自分のなかに固定能力観があるからダメなんだ、ということにはどうしても気がつけない。それがものを考えるときの大前提になってしまっている。あなたは頭がいいとか悪いとか、とにかく外部からの評価でがんばれとかダメだとか言われているうちに、固定能力観みたいなものがいつの間にかできあがってしまうのです。

自分がやってこれたのは、べつに能力が生まれながらにしてあったからでは全然なかった。どんな課題でも自分なりにやっていけばクリアできるということをほんとうに自己認識としてスッと受け入れることができれば、結果的に大きな転換点になるだろうと思うんです。

＊

佐伯氏の話を聞きながら、らくだ学習法は、人が固定観念としてもってしまった「固定能力観」を「変動能力観」に変える役割を担っていると感じました。それもそのはずです。そもそも、らくだ教材をつくったのは、「自分が勉強ができないのは生まれつき頭が悪いから」と言いわけができないようにすることが、その動機のひとつだったからです。

言いわけはそれだけではありません。ほんとうは自分が勉強しないからできないにもかかわらず、できない理由を「義務教育制度が悪いから」「教師の教え方が悪いから」「授業の進め方が速いから」「教科書の内容が多すぎるから」「文科省が悪いから」と、人のせいにしがちです。もちろん、現状では学校に行ったおかげで勉強がきらいになってしまう子どもが多いのですから、そう思っても無理ありません。しかし、もしかりに人に一切頼らなくても、自分で学習していける教材であれば、こんな言いわけはできなくなると思いました。

そして、できたのがセルフラーニングをめざした「らくだ学習法」だったのです。

自分がやりさえすれば、必ずできるようになっていく教材があれば、できないのは自分がやらないからです。ですから、劣等感にはならないのです。日本にいてヒンディー語ができなくても、そのことが劣等感にならないのは、やっていないからです。インドに行って住めば、だれでもできるようになる、それと同じように算数・数学の学習もそうなればいいと思ったのです。

5. 自主性と自発性

「らくだ教材」で学ぶ子どもたちを見ていると、はじめは自信なさそうにうつむいて背中をまるめて教室に入ってきたような子が、そのうち胸をはって堂々と教室に入ってくるようになります。そんな場面を見ているうちに、「毎日続けるものを持っている子どもたちは成長している、私も何かをしなければ、子どもたちにおいてきぼりにされてしまう」と思うようになりました。

そこで、私も何かを続けてみようと、やってみたことの一つに「書くこと」があったのです。

公開を前提に毎日書くようになって一五年になりますが、再度振り返ってみて、以下に述べることは、「書きつづけていたからこそ気づくことができた」と思うのです。「自主性」という言葉で言いあらわされる現象に対して、私の問題意識があったから、書くことでその意味が浮き彫りになりました。

私は小学生のとき、六年間「自主性がない、内向的である、自分からすすんで何もしない、言われたことしかしない」という評価を通信簿に書かれつづけていました。六年間も毎年同じ評価をされたということは、教師が私の問題を「指摘」しつづけても、それで私が変わることはなかったということになります。

このことから、私は「子どもは指摘しても、それだけでは変わらない」「指摘することの無意味さ」を学んでいたのですが、たんにそれだけでなく、なぜ私が「自主性がない」と書かれたのか、その新たな意味が、最近、見えてきました。

それは二〇〇五年に入って、パノプティコン（＝一望監視装置）という言葉を聞いたことがきっかけになっています。この言葉は以前から知ってはいたのですが、その言葉自体のもつ意味が、私の認識する「自主性」のある・なしの意味とはどうしても結びつかなかったのです。

「パノプティコン」とは十八世紀末に英国のベンサムという哲学者が考案した建築様式で、中心が監視塔になっている円形の牢獄です。中央部の塔からは、周囲のすべてが監視できるようになっていて、監視する側からはその一切を見ることができますが、決して囚人からは見られないというしくみになっているのです。

　すると、看守がそこにいなくても、囚人はいつも見られているという感覚になって、看守の望むような模範囚になっていくというわけです。このシステムは近代国家をつくる礎となり、牢獄だけでなく、学校、病院、兵舎、企業、家庭のなかにもこのシステムが浸透していきました。

　つまり、囚人が看守の存在を自分のなかにとりこんで、看守の望んでいるように自分から動いていくことを「自主性がある」と呼ぶのです。これが「自主性」というものの正体だったのかと初めてわかりました。

　学校でいえば、先生が何を望んでいるかを生徒が読みとって、先生から指示・命令されなくても、先生の望んでいるように、自分からすすんで動けば、「自主性がある」ことになるのです。ですから、私のように、授業中に「手を上げない」と決め、わかっていても、ほとんど手を上げないと、教師の都合通りに動きませんから、「自主性がない」ということになったのでしょう。

　手を上げないことで、通信簿の評価が下がることになっても、だからといって、手を上げようとはしませんでした。ですから、私は自主性はなくても、「自発性のある」子であったことが見えてきました。どうも私は教師の思惑通りには動かない子であったようなのです。

＊

現在、教師の思惑では動かない子が大量に誕生している現実に、フト思いがよぎりました。教師が監視塔のなかにいて、子どもたちにこうなってほしいと願い、そのために、ほめておだてて物でつって、競争させるというような外的刺激で子どもを動かそうとしても、ピクリとも動かない子どもたちが、あちこちに出現しているのです。

不登校・ニート（働かない・職業訓練を受けない）・ひきこもり……。パノプティコンが考案されて百年以上経ったいま、こういう子どもたちが大量に生まれたことを考えると、パノプティコンをもう必要としない時代に入ったとしか考えられません。監視システムの定着により、「言われたことしかできない、自主性のある子どもたち」を生み出してしまいましたが、自発性の高い子どもたちが徐々に増えていき、しだいにこのシステムは失われていくことになるでしょう。

まさに、長男・有太（当時三歳）は指示・命令では決して動かない、自発性の塊のような子でした。それゆえ、息子の声を聞きながら、息子が学ぶものを決めることができる教材（らくだ教材）を開発していったのですが、この教材で子どもたちが学ぶとき、教師は、ほめる必要も、評価する必要もありません。そんなことをしなくても、子どもは自分のやった結果を参考にして、自分の学ぶものを自分で決めていきます。

その教材がいまらくだ教材と呼ばれるものになっているのですが、まさか、それが近代教育の前提（教師・やらせる人、子ども・やらされる人）を問いなおす道具になっていたとは……。教材をつくっていた当時には、夢にも考えられないことでした。

6．セルフラーニングと新標準・旧標準

私の三歳の息子が、「指示・命令では動かない」子どもだったことで、息子を「子ども扱い」にせず、「大人扱い」するかかわり方をしていくしかなかったのですが、そうすることで、いままで自分が経験したことがない「教育」への視点が生まれていきました。

自分ひとりだけが、「らくだ教材」で生徒とかかわっているときには、わからなかったのですが、私のつくった教材を私以外の方たちが全国各地で使うようになって、ただ教材があるだけでは、子ども扱いしない指導、すなわち、「押しつけない・強制しない・命令しない」指導はできないことがわかったからです。

たとえば、声のかけ方しだいで、子どもがプリントをやるようになったり、やらなくなったり

します。そこで、指示・命令しないと決めて子どもとかかわると、ワンパターン的な対応ではダメだということがわかります。

「らくだ教材」を使いたいという人に向けて事例研究をよくやっていたのですが、これだけではいくらやっても同じパターンを覚えてしまうだけで、子どもへの対応がマニュアル的になるのです。それでは臨機応変の対応力は身につきません。どうすれば、その人なりの自在な対応力を育成できるようになるのかが課題でした。

そこでまず、「らくだ教材」を使って教室を開きたいという人たちに向けて「ニュースクール講座」（指導者養成講座）というものを企画したのですが、その講座をおこなうに当たって、フッと浮かんだのが、「評価しない・目標を持たない・疑似空間を作らない」という三つのコンセプト（タガ）でした。「らくだ教材」をつくるときに、息子に対して、「どならない・手を上げない・教えない」というタガを自分に課したのですが、一五年前に浮かんだこの三つのタガが、いまだに私が場づくりをおこなうときの重要なコンセプトになっているのです。

その講座以前も、「押しつけない・強制しない・命令しない」指導をおこなうためには、子どもの声を聞ける力をつけることが重要だと思っていましたから、インタビューを体験してほしいとプロの編集者に講師をお願いして、インタビュー講座をおこなったこともありました。けれども、それらすべてが、「教える」「評価する」という考え方だったため、「そんなのは私には無理」「できない」という人ばかりで、その講座からはなかなか「自分もインタビューをしたい」という人は育っていきませんでした。

ところが、「評価しない・目標を持たない・疑似空間を作らない」をコンセプトにした講座のなかで、インタビューのやり方を教えることをせず、「ぶっつけ本番で二人で組んで、相互に聞き合ってまとめることをしたら」と、提案してみたところ、全員ができてしまったのです。

まったくの偶然でしたが、提案した私はできあがったものを一切「評価しない」ことにして、各自がおこなったインタビューをコピーして、全員に配布しました。ところが人の書いたまとめを見ながら、「そうか、インタビューってこうやればいいのか」「私のインタビューは戸籍調査しかしていない」と、各自が自分の問題に気がついていきました。

私が各自のインタビューにコメントをすれば、それが、あるべき「インタビュー」の基準になってしまいます。私も一人の参加者として場に臨むことで、一切の評価から解放され、各自が自分の問題に自分で気づいて、独自のスタイルにあったインタビューを試みていったのです。

つまり、指摘して気づかせる教育が、教える・評価する**「旧標準の教育」**で、自ら気づくという自覚を促す教育が**「新標準の教育」**であると、一切「評価しない」指導者養成講座のなかでわかっていったのです。この指導者のことを**「学習コーディネーター」**と呼んでいます。「場づくりする人」という意味で使っています。

「旧標準」の学びの場にいる教師は、情報を一方的に送れば伝わると思っていますから、話したことが伝わっていかないとしたら、悪いのはそれを受け取らない生徒の側であって、教師には問題がないと考えようとするでしょう。しかし、「新標準の教育」では、教師のメッセージが伝わらないとしたら、それを受け取らない生徒ではなく、伝えようとしている教師の側に問題があると考えるのです。

つまり、「旧標準の教育」は、先生中心の教育で、先生のいるところでのみ学びが起きると考えるのですが、「新標準の教育」では、先生も学習者であるばかりでなく、いたるところが学びの場になります。それが「疑似空間を作らない」というコンセプトの意味でもあったのです。

何が新標準で、何が旧標準か、私もいまだ模索中です。新標準がよい教育で、旧標準がよくない教育だとも思っていません。しかし、新標準・旧標準という言葉で、いまの教育現場を見直してみると、そう括れる教育がどうもあるような気がするのです。

この学校は新標準？　この家庭は新標準？　この職場は新標準？　と、ちょっと考えてみるだけで何かが変わっていきそうな、そんな期待をもっています。「セルフラーニング」の学習経験には、「新標準」が体感できるキーワードがたくさん詰まっていると思うのですが、いかがでしょうか。

第四章　「自分からすすんで学ぶ子」が育たないのはなぜか
――学校・塾のあり方への疑問

学校に行くことでかえって勉強ぎらいになってしまう子どもたち。先生方が子どものためによかれと思って熱心に教えこむことが、子どもから「自分で考える力」を奪い、言われたことしかできない依存的な子どもを生み出してはいないでしょうか。私の経験に即して考えてみます。

1　公文式のプラスとマイナス
2　アメとムチのくだらなさ
3　速くできること・競争させること
4　自由教育の問題点
5　具体的な実効をともなった「教育改革」を！

1．公文式のプラスとマイナス

●先生もラク、生徒もラク

私は、最初の塾「さえら塾」を閉鎖した後「公文数学研究センター」（現在の日本公文教育研究会）で二年間働いていたことがあります。入社当時、生徒はまだ五〇万人前後でしたが、なぜ公文だけがこれほどの生徒を集めることができるのかと不思議でならなかったのです。

こんなにも多くの生徒が集まってしまうのは、それなりのノウハウがあるはずと思っていたのですが、その秘密が「自学自習力を育てる」という公文式の理念にあると知ったときの驚きは格別でした。

公文で働く以前は自分で塾をやっていましたから、よけいそのように感じたのでしょう。「いい授業をすること」によって子どもを救うことができる、子どもの好奇心をよびおこすような授業をおこなっていれば、子どもは自発的に学習するようになるだろうとがんばっていたのです。しかし、その結果子どもたちに育ってしまったのは依存心。私ががんばって教えれば教えるほど、私がいなければ学習しない子どもが育っていきました。そんな苦い体験をしていましたから、

「自学自習力を育てる」という公文の理念がきわめて新鮮に響いたのでした。

私が入社したのは、それまで算数・数学だけやってきた公文が、新規事業として英語・国語にとりくみはじめた時期。その英語教材制作の担当者が私でした。おかげで、公文式の創設者公文公氏とひんぱんに話す機会があったのです。

「どんな考えで教材をつくればいいのですか?」と、公文氏に質問すると、「先生もラク、生徒もラクな教材」との返事がかえってきました。このひとことを聞いたとき、目の前が開ける思いがしたのです。私がいままでやっていたことは、「先生も負担、生徒も負担」ということではなかったかと思えたからです。

教えることに一生懸命になって授業案をつくり、わかる授業でわからせようとすればするほど、子どもはその教師に合わせてわかろうとする、そのときだけわかったふりをする。いったい教師はどんなたくらみがあってそんな問いを出すのかと、教師の顔色をうかがいながら考えようとする。私が子どもを私の授業にのせようと思って負担に感じているだけ、子どももその授業にのろうと思って負担に感じていたに違いないと思いました。

そればかりではありません。「わからない」と言って質問してくる子どもがいれば、ていねいに説明し教えていました。「何がわからないかがわかること」「質問ができること」こそだいじなことだと言い、質問ができることを評価していたのです。しかし、私が親切に答えれば答えるほど、自分では決して考えない子どもが育っていきました。わからなければすぐ聞く。見たこともない問題には手も出さない。「答えを見て、どうしてこの答えになるのか考えて」と何度言ってもただ答えをうつすだけ。そんな子どもが育っていきました。

つまり、私への質問が多くなることで私の負担が増し、子どもにはわからなければ聞くというくせがつき、その分だけ自分で考えない子どもが育つ結果になったのです。聞けばすぐに教えてくれる人がいれば、そのときだけは疑問が解決されるかもしれません。しかし、教えてくれる人がいてそのときだけはできたような気になっても、しばらくして同じ問題をやってみると自分ひとりでは解けない事態が起こるのです。教えてもらうことでの一時的な負担軽減が、ほんとうの意味での負担軽減には少しもなっていないことに気づかされました。そんな体験から、「先生もラク、生徒もラク」という発想が、いままでの教育観をうちやぶる何かをもっているように感じたのです。

●子どもを信頼しない公文のやり方

しかし「先生もラク、生徒もラク」という考え方をベースに教材がつくられていながら、実際の教室をみると、先生も生徒も少しも楽にはみえません。その疑問を『苦悶する公文塾』（一光社・絶版）という本にまとめましたが、そんな本を書こうと思った一番の動機は、「なぜ公文式では生徒自身に採点をさせないのか？」という疑問からでした。

公文式の教室では、先生がせっせと生徒のプリントに丸をつけています。まるで採点マシーンのように、答えを見ながら丸をつけ、全部合っていればプリントの上に百点と大きく書くのです。

ある公文式教室の先生は、こんなふうに語っていました。

「子どもに採点をまかせれば、あとでまたそのプリントを点検しなくてはならなくて二度手間だ」と。しかし、子どもの学習なのですから、せっかく子どもがやった採点をあらためて点検することもないと思うのです。もし子どもがうっかりまちがった答えに丸をつけていたら、あとで困るだろうからと親切心から点検するのでしょう。しかし、それは本心では子どもを信頼していないからできることなのです。きちんと採点しているか、インチキをしていないかと鵜の目鷹の目でのアラ探し。子どもにとってははなはだ迷惑な話です。

だいじなことは、学習が自分の学習になっているかどうかです。インチキしてもいいのです。

一度採点をごまかすと、それ以後もごまかしつづけないと先の教材に進んでいけません。そんな進み方をしていると、確実な力の蓄積なしに進んでいるのですから、あるところで完全にギブアップの状態がおとずれます。なぜ急にできなくなってしまったのか、なぜ突然わからなくなってしまったのか、その理由は子ども自身がいちばんよく知っているのですから、しかる必要もありません。

「なぜこうなってしまったのか、理由は自分でわかっているよね。どうする？」と提案するだけでいいのです。子どもは自発的に、やさしい教材までもどります。そこからが新たな学習の始まりです。子どもがインチキするのではないかと、目をこらして管理しなくても、どのように学習すればいいのかを子ども自身が自覚するようになれば、一切の管理をする必要がないのです。つまり、このように採点を子どもにまかせることで問題が発生する、そこがだいじなところなのです。

教材を早く終わらせることだけを考え、そのために自分で考えずに答えをうつしたり、まちがっていても丸をつけてしまうような学習のやり方が、問題を発生させ、問題が起きたことで、子どもが自分自身のやり方を自ら問いなおすことができるのです。

その逆に、子ども自身がこんなやり方をしているとまずいと自覚する前に、先生が不正を見つけて注意し、不正をしないように手を打っていると、問題が発生しにくくなります。先生が「不正はいけない」と言うから、先生のために不正をしないようにしよう、あるいは、先生に見つからないようにインチキをする、ということになって、どこに問題があるのか見えにくくなってしまうのです。ましてや、採点を先生がしていては、問題はさらに表面に出にくくなってしまいます。

これは何も公文だけの問題ではありません。学校や塾の中でもおかしな常識がまかり通っています。子どものために一生懸命教え、採点し、徹底的に子どもの面倒をみる先生がいい先生だという常識です。

いまこそ、わからなければ教えてやること、採点してやることなど、一見子どもに対して親切にみえる行為が、はたして子どもに対するほんとうの親切になっているかどうかを考えるべきでしょう。子どものためによかれと思っておこなう行為が、多くの場合、子どもから「自分で考える力」を奪っているのです。

2. アメとムチのくだらなさ

●一時的効果しかない

第一章で、「子どもはだれでも勉強ができるようになりたいと思っている」と書きました。にもかかわらず、そうは思っていない親や教師は、やりたくないはずの勉強をやらせるためには、さまざまな刺激をあたえなければ勉強するわけがないと、まるで動物を調教するような感じで学習にかりたてます。順位という刺激、点数という刺激、通信簿という刺激、何番以内であればおこづかいを増やす、5がいくつ以上あれば自転車を買ってあげるという具合です。

「これを達成すれば、こんなごほうびをあげるよ」とエサを目の前にちらつかせて、がんばらせるわけですから、ごほうびがほしくてしかたがない場合には一時的に勉強し、たしかに目に見えて効果が上がることもあるでしょう。しかし、このような外的刺激を学習の動機づけにする方法は、その刺激に子どもが何の興味も示さなくなった場合にはほとんど効果はありません。

お金やほしい物を得るために勉強をするなんて冗談じゃない。勉強をするのは、私がしたいからするのであって、何番になろうと、何点とろうと、そんなことのためにやるんじゃないと思っている子どもの場合には、競争させることは学習のきっかけにもなりません。物や点数で刺激しても、子どもが自分の思い通りにならなくて困ってしまう親や教師は、そんな子どもに対して「何点とっても何も感じない意欲のない子」と烙印を押したりするのです。

しかし、こんな方法をとっていると、たまたま一時的に学習するようになった場合でも、そのマイナス効果ははかりしれません。

学ぶことの動機づけが何かを手に入れるためになってしまうのですから、その後も、学習する場合には何かが手に入らなければ学習に身が入らないということになってしまいます。これをすれば何かがもらえると思い、かりに自転車が手に入った場合には、つぎの機会には違う物を要求し、高校に入ればオートバイ、大学では車という具合になります。

●ほめないことの意味

私は公文塾をやめ、らくだの教室を開設した折り、公文塾がやっていた「外的動機づけ」を一切やめてみました。公文では、毎月進度一覧表をつくって子どもを進度順に並べること、教室に学年以上の学習者の名前を並べること、一ヵ月百枚以上のプリントを学習した生徒を表彰すること、優秀者に図書券をあげること、学習日を一日も休まなかった場合に表彰すること、等々がおこなわれていましたが、それらすべてをやめてみたのです。

それればかりか、自分が学習している個所がほかの子より進んでいることを自慢する子どもがいた場合にはこう言いました。

「人より進んでいるかどうかなんて、ここではどうでもいいことなんだ。それぞれの人がそれぞれのペースで進んでいるんだから、人より先に進んだことを自慢したってはじまらないよ。そんなことに興味があるんだったらやめてもらうからね。自分が人から比較されたら気分がいいかい？　よくないだろう。自分が人にやってほしくないことは、人にもやらないほうがいいよ」と。

私にこんなことを言われる子どもは、いままで親や友だちから「ばかだ、ばかだ」と言われつづけていた子ども、算数に全然自信のなかった子どもに多いのです。

そんな子どもたちがプリントをコツコツ続けて、自分の学年に追いついてちょっと自信をもちはじめると、同じ学年で自分より下の学年を学習している子どもたちを「なんだ、まだこんなところやっているの？　遅いね」と、ばかにしはじめます。いままで自分がさんざんやられてきたことを、ここぞとばかりに仕返しするのです。人をばかにすることはしなくても、いままで算数ができなかったのにできるようになってくると、「ぼくは算数はできるんだ」と、自慢するようになる子もいました。

子どもを育てるには「いかにうまくほめるか」という人がいます。しかし、考えてみれば、これほど人をばかにした話はありません。自分の思っている方向に子どもをもっていこうとするときに、「ほめる」ことをアメとして使うのです。

公文には多くの表彰制度がありました。勤続一〇年、一五年、二〇年の表彰、全国で生徒数が多い指導者、学年以上の生徒を何人も育てた指導者、生徒をやめさせなかった指導者の表彰と、事務局にとって都合のいい貢献をした先生をやたら表彰するのです。ある事務局員が言っていました。「表彰ほど安い経費で人をはたらかせられるものはない。紙一枚でいいんだから」と。

ほめられればたしかにうれしいでしょう。みんなのいる前で表彰されれば、感激して「さあ、がんばろう」という気になる人もいると思うのです。しかし、ほめる人、表彰する人の思惑がわかってしまった人にとっては、そんなことをやっても何の効果もありません。ほんとうにその仕事をやりたくてやっている人、楽しんでやっている人にとって、そんな外的刺激は何の意味もなさないからです。

私がそれをもっとも感じたのは、子どもたちに一輪車を教えているときでした。公園の前の道路で一輪車の練習をしている小四の男の子に、そばを通りかかったおばさんが、「うまいわね。ボク、よくこんなのに乗れるのね」と一生懸命ほめているのです。にもかかわらず、この子はニコリともしません。「いったい何を言っているの」といわんばかりの顔をして、このおばさんに目もくれないのです。それはそうでしょう。この子にとって一輪車に乗れることは当たり前、いまはバックの練習の最中だったのですから、ただ一輪車に乗れることをほめられてもうれしくもなんともないのです。

その子がほんとうにそれができるようになりたいと思っていて、「できた！」というその瞬間に「やったね」とほめられれば、それはなんともいえず、うれしいことだろうとは思うのです。しかし、それはやった結果をほめられているのであって、ほめられるためにやっているのではありません。ましてや、やらせる側がほめてやらせようなどと思っていれば、その気持ちは子ども自身に伝わって、せっかくのやる気に水をさす結果にもなるのです。

つまり、「人から言われたからやるという学習」ではなく、「自分がやりたいからやっている学習」になった子どもにとって、ほめることは少しも学習の動機づけにならなくなってしまうのです。だからこそ、自分からすすんで学習する子どもを育てたいと思うなら、なにかをやらせるためにほめることを手段にすることは効果がない、と肝に命じるべきなのです。

3. 速くできること・競争させること

●岸本式との違い

「らくだ式のプリントは計算ばかりで、ストップウォッチを使って時間をはかるから、これは『見える学力・見えない学力』（国民文庫）の岸本裕史先生のやり方と同じじゃないですか」と言う人がいます。ちなみにいま評判の陰山メソッドは岸本式の影響を受けています。「しょせん、公文式の二番煎じじゃないか」と言われたこともありました。プリントを中心に時間をはかりながら、計算問題を解いていくのですから、その点だけにかぎっていえば、同じようなことをやっているようにみえても当然でしょう。

岸本氏は著書のなかで、つぎのように書いています。

「一般に、小学生で算数のできない子というのは、計算力が劣っている子です。しっかり計算練習をしている子で、算数のできが悪いという子は、めったにいません。計算の練習を始終くり返すことによって、思考速度が早まりますし、少々困難なことでも、力を集中して克服しようという意志の力も鍛えられます」。

この点においては、何の異論もないのですが、らくだ教材を使った学習と岸本式とではやり方がまるで違います。

岸本氏は、一つの教室でマラソン計算なるものをやったりします。三〇分とか、二〇分とか、一定の時間を定め、その制限時間内に、何百題やれるかに挑戦させるのです。つまり、計算を競争でやらせるのです。どんな内容のプリントをやるのかを決めるのも教師であって、子どもが自分で決めることは一切ありません。

教師からあたえられたものをこなすというのが岸本式とするなら、学習するものを自分で決めるのがらくだのやり方です。ここが根本的に異なる点です。

らくだの学習で目標にしていることは、「自分からすすんで学習する子を育てること」ですから、一人ひとりの子どもとどの教材を学習するのか相談のうえで決め、持って帰る宿題の枚数および学習する個所もすべて指導者と相談のうえ、子どもが自分で決めます。これこそ、らくだ教材を使った学習がもっともだいじにしている部分なのですが、岸本式には、この肝心な部分がまるでありません。それは、プリント学習で身につけさせようとしていることが全然違うからです。岸本式は「計算力」であり、らくだは「セルフラーニング力」だからです。

その結果、双方ともストップウォッチを使用しているにもかかわらず、岸本式は競争になり、らくだは競争になりません。らくだの学習がなぜ競争にならないのかといえば、一人ひとりの子どもが自分でストップウォッチを持って学習するからです。自分が学習したいときに、学校のチャイム代わりに、自分でストップウォッチを押すのです。だれと一緒に始めるわけでもないのですから、競争になりようがありません。

●自分のリズムを発見する

今日もこんな子（小二）が、お母さんに連れられて「すくーるらくだ」にやってきました。お母さんの話はつぎのような内容でした。

「クラスの担任が、ストップウォッチを持って、みんなに百マスの計算テストを毎日やらせるんです。うちの子はのんびりな子だから、これをやるといつもビリ。早い子は二分ぐらいでやってしまうのに、いつも最後までできないんです。きちょうめんな子だから、そのうちこのやり方が恐怖になって、『学校には行きたくない』と言いはじめるし、『数字を見るのもこわい』という始末。一時は、テレビのチャンネルも時計の数字もこわいと言って、ほんとうに困ってしまいました。そんなとき、同じクラスのお母さんから、ここのことを紹介されたんです」。

「うちもストップウォッチを使いますけど、競争にはなりません。この教室を見ていただいてもわかるように、主婦の方がプリントを解いている隣で、小学生がやっていたり、その前の席には障害児、留学生とさまざまな人が一緒に学習していますから、競争にならないのです。来る時間もバラバラですし、入会した時期も違いますから、比べようがないんです。

それに比べて、学校は同じ年齢の生徒を同じクラスに入れているわけですから、先生が『ヨーイドン』と言って、いっせいにストップウォッチではかれば、競争になってしまうのは当然ですよ。こんな先生の多くは、岸本氏の書いた『見える学力・見えない学力』に影響を受けている場合が多いんです。速さを競わせることで、それにともなう危険性を考えずに、クラスの中で実施しますからね。競争させることで学習効果を高めようとすれば、速くできる子にとっては、たかが計算が速いだけでいい気になってしまいますし、遅い子にとってはクラスの中で居場所がなくなりかねない。もたなくていい劣等感が育つことにもなります。学ぶことのおもしろさが人との比較になってしまうと、学ぶこと自体がおもしろいという感覚から次第に遠ざかっていきますしね。そのことがこわいですね」。

私の教室では、ストップウォッチで時間をはかることは、**情報収集**のためにやっています。一枚のプリントが何分でできたかを見て、もっとそのプリントを練習したほうがいいか、先に進んだほうがいいかを子ども自身が判断できるようにしています。もう少し速くできるようになりたい思った子どもは、自分の意志でそれを試みますが、速くすることを決して強制はされません。

しかし、学校では計算が速いことはいいことだという前提のもとに、だれにでもむりやり速くすることを強制しているのです。ですから、学校がストップウォッチを使う目的は、たんに計算のスピードアップをねらってのこと。らくだの目的とはまるで違います。時間を意識させ、人と人を競わせ、外的刺激をあたえることによってがんばらせるのです。**たかが計算に習熟していくために、なぜ勝ち負けの世界をつくらなくてはいけないのでしょうか。そんなことをするから、人に勝つことが目的になって、自分なりのペースで学習することができなくなってしまうのです。**

人はそれぞれ固有のリズムをもっています。あるプリントを合格するのに、数回の練習でクリアしていく子どももがいるかと思えば、同じプリントを五〇回も六〇回も練習する子どももがいます。

目安時間内でできても、決して先に進もうとせず、「自分でこれをやりたい」と言った場合には、とほうもないくり返しがその子にとっては苦役ではなくなっているのです。なぜ、その子がその同じプリントを何回もくり返しやりたいのかはわかりませんが……。かと思えば、目安時間でできていないにもかかわらず、そんなことはお構いなしにガムシャラに先に進みたがる子どももいます。それぞれがその子のやり方だと思うのです。

そんな一人ひとりの進み方やリズムや気持ちを無視して、一方的に同じ時間に同じプリントをクラスの子ども全員にやらせて競わせる岸本式は、「速くできることはよいことだ」という価値観が背景にあって生まれたものです。すなわち、「計算を、」学習することで速さを身につけさせようとした岸本方式だから、競争を生む結果になったのです。

「〜を学ぶ」のではなく、「〜で（を使って）学ぶ」発想で、「計算で、（を使って）」自分からすすんで学習する子どもが育つらくだのやり方には、競争が発生する余地がなかったのでした。

4. 自由教育の問題点

●「自由教育」は教師の自己満足？

ところで、以前、イギリスにあるサマーヒル・スクール（創立者A・S・ニイル）の存在を知ったときの驚きはひじょうに大きなものでした。

「授業に出てもいいし、出たくなかったら出なくてもかまわない。自分がほんとうに学びたいことだけを学べる学校、先生も気に入らなければ自分たちで変えることができる」……地球上にこんな夢のような学校があるなんて、信じられませんでした。この学校の存在を知らなかったら、子どもにかかわる仕事をするようにはならなかったでしょう。

この学校に影響されて、その後日本にもサマーヒル・スクールをつくる運動に参加するようになりました。最初の塾「さえら塾」を開く二年前のことです。

その運動の過程で具体的な教材をどのように教えるかの問題にぶつかり、水道方式（前出の算数・数学の教え方・故遠山啓氏提唱）に出会ったことがきっかけになって、私はマイナス×マイナスがなぜプラスになるかとか、分数のわり算はなぜひっくり返してかけ算にするのかというような、意味を重視する授業に熱中していきました。

自ら主宰した塾の中で、その実践を子どもたちを対象にくり返し、また塾外でも、母親を集めては算数の授業を試みました。興味は、算数・数学ばかりでなく、国語や理科、社会、英語の授業にも広がって、さまざまな教育実践を試みている教育現場をたずね歩くようになったのです。

どこの学校や塾に行っても、子どものために一生懸命やることに生きがいを感じている、教えることに熱心な教師がいました。しかし、教師が熱中しているのは、どんな授業をつくるか（パフォーマンス）であって、一人ひとりの子どもがどのように学び、どこまで何を習熟しているのかにはさして関心がないことに気がつきました。

うまくいった子どもだけの実例を使って、研究発表をおこない、一人悦に入っている教師を見ていると、教師にとって子どもは利用の対象にしかすぎないようにみえました。そんな教師は、一人ひとりの子どもに具体的な力（計算力や漢字力など）がどこまで育っているかについては、ほとんど関心がありません。というより、「それは子どもが勝手にやる問題だ」とにべもなく言う教師が多かったのでした。

教師がどんな名授業をし、子どもがその授業に刺激され、その教科に興味をもったとしても、漢字や計算は子ども自身が自分の手を使って練習しないかぎり、決して身につけることはできません。教師であれば、そんなことはだれでも知っているはずです。子どもが自分からすすんで単純作業を楽しんで学習すれば、基礎学力がつくことはだれでもわかっているのです。

しかし、「私は子どもの側に立っている」と自認している人、子どもに押しつけ教育はしたくないと思っている人にかぎって、この部分を子どもまかせにします。自由教育を標榜している人にかぎって、計算や漢字を書くことを単純作業イコール苦役だと決めつけ、子どもまかせにするのです。その結果は、基礎学力の低下となってあらわれます。

本来、自由に自分の意志で学ぶのであれば、押しつけ教育をおこなう学校よりも、しっかりした基礎学力をベースに自分の可能性をどこまでも追求していく好奇心いっぱいの子どもが数多く育って当然だと思うのですが、現実はとうていそのようにはなりません。

学習をあたえる側とあたえられる側という関係のなかで、おもしろい授業、楽しい授業をあたえることだけが学習だと思っている教師のもとで、「子どもの声を聞くこと」を、「子どものいいなりになること」だと錯覚し、「自由」を「放任」とはきちがえ、わがままいっぱいに振るまう子どもにふりまわされる教師のもとで、そのときの気分で学習する子どもが育ってしまうのですから、確実な基礎学力が育つわけもなかったのです。

●計算力のたいせつさ

計算力さえ育てることができない自由教育とは、いったい何なのだろう、私はそう考えるようになりました。

そのころ、私の息子、長男の有太は四歳になっていました。前にも書きました通り、自分のペースでのんびり生きている息子は、保育園でのテンポに合わず、保母さんからは問題のある子のように言われていました。学校に行くようになっても学校のペースに合わないだろうと予想し、息子に対していったい何ができるかと考えたときに思い浮かんだのは、楽しい「自由教育」を家庭で実践することではありませんでした。

計算さえできるようになればいいと思ったのです。

それさえできれば、本人が勉強したくなったときにいつでも学習を始めることができます。参考書を自分で読んで、計算のしくみを理解し、やり方がわかったところで、実際に計算問題を自分で紙に書いてやってみなければ、自分のものにはなりません。それを使って問題を解く場合でも、それを自在に使いこなせなければ、意味はないのです。

いくらテニスの本を読み、どう打てばボールがどう飛んでいくかがわかっても、そのことと実際にテニスができることは別だからです。自在にボールを打てるためには、テニスの技に習熟しなくてはなりません。

同様に、計算力をつけるためには、毎日コツコツやるしかないのです。毎日学習してくれる息子がいたからこそ、私が毎日コツコツ教材をつくることができたのです。私が息子に勉強を教えればどなります。手をかければイライラします。そうしないですむためにつくったのが、計算力を育てることができるらくだの教材だったのでした。

この教材で学習すれば、すべて事足りるとは思っていません。ですから、教師が教えても本人が自分でやらないかぎり決して身につかない計算の教材をつくったのです。それ以外のことは、本人がその気になったときに、自分で本を読んで勉強すれば十分です。小学校でする一切を学習していなくても、計算さえできれば、かりに中学から学校に行きはじめても、決して困ることはないと思ったのでした。

5．具体的な実効をともなった「教育改革」を！

●九〇年代の教育改革

私が息子を相手にらくだ教材をつくりはじめたのは、一九七九年。当時の内閣総理大臣中曽根康弘氏による行政改革によって、「臨時教育審議会」（臨教審）が発足したのが、一九八四年ですから、その五年前ということになります。

この臨教審は、明治維新、戦後改革につぐ「第三の改革」と呼ばれていました。「明治以来の追い付き型、近代化の終わり」を前面に出していましたから、硬直化した教育にどんなふうにメスが入れられるのだろうかと、関心を寄せていました。

臨教審は、文部省（いまの文部科学省）との綱引きをしながら四回の答申をおこない、一九九〇年代日本の教育改革の基本路線を敷いていきました。その答申はというと、つぎのようでした。

一次答申……「個性重視の原則」「基礎・基本の重視の原則」「創造性・考える力・表現力の育成」「国際化・情報化社会への対応」

二次答申……「自己教育力の育成」「小学校低学年における教科統合」「いじめ問題に対応するカウンセリング体制の充実」「初任者研修制度の提案」

三次答申……「地域社会に開かれた学校づくり」「児童生徒評価の多元化の提案」

最終答申……「生涯教育の推進」

従来の系統的な学習が、子どもの創造性をそこなってきたという反省にもとづくものだったと考えられます。

そして一九八七年に、この路線を受けた教育課程審議会は、教育の目的を具体化して、「豊かな心を持ち、たくましく生きる人間の育成を図る」「自ら学ぶ意欲と社会の変化に主体的に対応できる能力の育成を重視する」「国民として必要とされる基礎的・基本的な内容を重視し、個性を生かす教育の重視を図る」「国際理解を深め、わが国の文化と伝統を尊重する意欲と態度の育成を重視する」という答申を出しました。

さらに臨教審路線を具現した「新学力観」が登場し、一九八九年に学習指導要領が告示され、小学校学習指導要領の改定（一九九二年施行）がおこなわれました。同時に、「生活科の新設」（小学校低学年）「習熟度別学級編成の導入」（中学校）「地理・歴史科、公民科の新設」（高校）が提案されました。

●ゆとり教育と学力低下論争

当時の文部省は、その主旨を「新しい学習指導要領は、子どもたちが人間として調和のとれた成長を遂げ、社会の変化に対応して主体的に生きていくことができるようになることを目指している。（中略）子どもたちの学習意欲を育て、自ら学ぶ意欲や思考力、判断力、表現力などを学力の基本とする学力観に立って教育を進めることが肝要である」（文部省『平成六年度　わが国の文教政策』より抜粋）と、述べています。ここに、それまでとの大きな変化が生じているのが見てとれます。「基礎・基本」の定義が、「国民に必要とされる知識・技能」から、「関心・意欲・態度」に変わっていったことです。

この延長線上に、新学習指導要領（一九九八年告示、二〇〇二年実施）と、その思想的前哨をなす、一九九六年と一九九七年の中央教育審議会（中教審）答申「二一世紀を展望した我が国の教育の在り方について」があります。その一次答申の骨子は、「『生きる力』の育成が今後の教育課題である」「『生きる力』の育成には『ゆとり』が不可欠である」の二点でした。

このように新学習指導要領は、「生きる力・ゆとり教育」をキャッチフレーズに掲げて、完全週五日制、教科内容の三割削減、習熟度別クラス編成、総合学習の導入を盛り込み、二〇〇二年四月から実施されました。

ところが、この政策は「学力低下論争」を招いてしまいます。告示された段階で物議をかもしていましたが、岡部恒治ほか著『分数ができない大学生』（東洋経済新報社、一九九九年）によって世論に火がつき、市川伸一著『学力低下論争』（ちくま新書、二〇〇二年）が出版されたことで、本格的な論争の幕がきって落とされたのです。それ以降、具体的な学力向上へのとりくみが注目されるようになっていきました。

●教育改革は学習意欲を高めたか

そんなさなかに、苅谷剛彦氏（教育社会学）が『階層化日本と教育危機』（有信堂、二〇〇一年）において、つぎのように主張しているそうです。

「九〇年代以降の教育改革は、学習は個人の『内発的動機づけ』にもとづくべきであるという考えによって改革をすすめてきたのですが、改革がすすめられるなかで、子どもたちの学習意欲は逆に低下していき、とりわけ大きく低下してきたのは、親の社会階層がひくい子どもたちです。彼らは勉強と競争から『降りる』ことによって、自己に対して肯定的な感情（有能感）を持つようになりますから、彼らが降りずにいるようにし向けることは、彼らから有能感を奪いかねず、やっかいなことになっているのです」（岩木秀夫著『ゆとり教育から個性浪費社会へ』〈ちくま新書〉によるまとめを引用）。

私の経験に照らして考えて、おかしいなと思いました。というのは、私の教室では、自分の息子に対してだけでなく、開設した当初から教室での生徒への対応は一貫して、「内発的動機づけ」にもとづいていました。私の教室では子どもたちの学習意欲は高まる一方なのに、「改革がすすめられるなかで、子どもたちの学習意欲は低下した」と書いてあるのです。そこで、次のように考えてみました。

「これからの教育は、個人の内発的動機づけにもとづくべきである」と考えて、教育改革をすすめたことで、子どもたちの学習意欲が低下したのは、子どもたち一人ひとりの内発的動機づけに応えられるべき教材（＝学習課題の設定）を開発していなかったからでしょう。内発的動機づけにもとづく学習がその子任せの放任教育になってしまった結果、自分で学習するものが選べなくなったり、やらなくなったことで、子どもたちの学習意欲は低下する一方になっていったのではないでしょうか？

そんな国の教育改革の方向と無関係に、ほぼ同時期に、私自身は自分の息子の成長に寄り添うかたちで、彼の「内発的動機づけ」と向き合いながら、「らくだ教材」の開発を続けてくることができて、つくづくよかったと思います。

「内発的動機づけ」をベースにした学習を可能にするらくだ教材をつくるのにさえ、一〇年以上の歳月がかかっているのですから、改革の方向をたんに「内発的動機づけにもとづく教育」と文章化したところで、すぐにそんな教育を実施できるはずもなかったのです。

そして、息子以外の子どもたちが、自分の学ぶものを自分で決め、一人ひとりにとっての壁に果敢に挑戦していく様子を見ていると、親の社会階層がひくいか高いかどうかと無関係に、どの子の学習意欲も高まっていくことがわかったのです。

ですから、苅谷氏の主張の「彼らは勉強と競争から『降りる』ことによって、自己に対して肯定的な感情（有能感）を持つ」とは、いったいだれのことをさすのか、私自身の現場体験からは理解しがたいというのが実感です。

●セルフラーニングの革新力

また、教育改革の結果、「基礎・基本」の定義が、「国民に必要とされる知識・技能」から、「関心・意欲・態度」に変わっていったということに対しても、私が息子用につくった教材を使ってやっていたことは、具体的には次のようなことですから、まさに「関心・意欲・態度」を育むことをしていたと思うのです。

たとえば、計算のプリントをやっていても、それができるようになること（＝知識・技能）だけを目的にせず、「私がどのプリントをやるかを決めるのではなく、どの子も自分のやるプリントを自分で決める」「親から『プリントやった？』と声をかけられなくても、毎日やる」「自分で採点する」「間違えたところを自分で直す」「やった結果を記録表という紙に自分で書く」（＝関心・意欲・態度）等々のことが自分でできるようになることをめざしました。

その一つひとつが「学び方がわかった」ということですから、その結果、どの子にも必ず学力がついていくのです。そして、これこそが「セルフラーニング」の学習システムの核心であり、その具体的対応の方法なのです。

＊

三浦朱門・前教育課程審議会会長の教育改革に対する言葉があります。

「……できん者はできんままで結構。戦後五〇年、落ちこぼれの底辺を上げることにばかり注いできた労力を、できる者を限りなく伸ばすことに振り向ける。百人に一人でいい、やがて彼らが国を引っ張っていきます。限りなくできない非才、無才には、せめて実直な精神だけを養っておいてもらえばいいんです。……それが、『ゆとり教育』の本当の目的。エリート教育とは言いにくい時代だから、回りくどく言っただけの話だ」（岩木秀夫著、前掲書より再引用）。

私なりに教育改革を実践してきて、わかったことが浮かびました。

三浦氏が言う「落ちこぼれの底辺を上げること」と「できる者を限りなく伸ばすこと」は同じ「らくだ学習法」でできますから、そのことがわかるだけでも、セルフラーニングは具体的な実効をともなった「教育改革」になっていくと思うのですが、いかがでしょうか。

第五章　セルフラーニング・子育ての実践

早起き、買い物、朝食づくり、マラソン、一輪車の練習、山登りｅｔｃ……。長男・有太、次男・慧太を育てながら、セルフラーニングの学びはらくだ教材を使った学習のなかだけでなく、毎日の暮らしや子育てのなかでも実践できることを実感しました。

1　「押しつけない・強制しない・命令しない」子育て

2　教材がなくてもセルフラーニングはできる

3　自己決定力が育つための適切な援助とは？

1.「押しつけない・強制しない・命令しない」子育て

●子どものあとからついていったおかげで登れました

らくだ教材を使っていなくても、「押しつけない・強制しない・命令しない」子育てができると実感したのは、以前、日光の太郎山（二三六七ｍ）に登ったときでした。私は手術で三週間入院したこともあり、脚力に自信がなかったのですが、次男の慧太（当時四歳）もいっしょだし、どうにかなるだろうと気楽に参加したのです。

日光駅からいろは坂、中禅寺湖をぬけて光徳牧場。そこから歩きはじめます。登山道の入口までは平坦なアスファルト道。慧太はあっちをキョロキョロ、こっちをキョロキョロとすぐにグループから遅れます。こちらも早く歩かせようと必死。なだめたり、すかしたり、おだてたり、おどかしたり……。登りの登山道にたどり着くまでの二〇分くらいの間に、「この春、丹沢に行ったときには五キロを平気で歩いたのに」と私の気持ちは重くなるばかりでした。

＊

思いきってこう切り出しました。

「慧太。先頭歩く気ないかい」。「いいよ」。

驚きました。これが同じ慧太かと思うほどスイスイ歩くのです。そうなのでしょう。先頭にいれば余裕もあるし、力も発揮できる。自分のペースで進んでいける。でも、あとから追いかけるのはたいへんです。人のペースに合わせなければならないし、いつも追う立場なのですから。まさか先頭を歩けるわけがないとタカをくっていた私の見通しは甘かったのです。同じ人間でもその環境によっていくらでも力が発揮できる。それを目の当たりにする思いでした。

登山道に入ってちょっと進むと、道は急な岩場になります。そこを過ぎれば、またふつうの登山道になっているかと思えば、行けども行けども急な岩場が続きます。いや、ますます急になって、岩に手をつき四つんばいにならないと登れないほど。なんと、このコース、ほとんどが沢でした。

まさか、三時間近くの沢登りを慧太と体験しようとは思いませんでした。途中でよほど登るのをやめて下山しようかと思ったのに、慧太は文句も言わずに黙々と登っています。

初めのうちは私が慧太のちょっと先を歩き、あぶない岩場では手をさしのべて、ひきあげていました。すると慧太は私を頼ってバランスがくずれ、かえって危険なのです。そのうえころびそうになると、「お父さんがちゃんとひっぱらないからあぶないんだよ」と言います。

「慧太が自分の足元を見ないで、お父さんにばっかり頼るからいけないんじゃないか」とたがいに責任のなすりあい。そのうち、慧太の登り方にいちいち指図するようになり、「うるさいなー」と言われるしまつ。「あ、いけない！」と思ってやり方を変えました。

私が慧太の後ろにまわって、「どの岩につかまって登ればいいの？」と聞かれたとき以外何も言わないことにしたのです。すると、またまたびっくり。岩から岩へ四つんばいになりながら、最短距離で安全な岩を見つけて登っていきました。私のほうがこんな道がどこまで続くのかと投げ出したくなってきました。足も痛くなってくるし……。でも、慧太は目の前の岩にしか関心がない様子。そんな慧太にひっぱられて、とうとう私も登ってしまいました。

平坦な道より、岩場で慧太が生き生きしていたのは、つねに新しい刺激が降ってきたからです。同じような岩場でも、おそらく慧太にとってはつぎの岩場をどのようにクリアしようかという緊張の連続だったのでしょう。岩場をしっかり踏みしめないとズリ落ちてしまう急な砂坂、くずれ落ちそうな岩……と緊張の材料にはこと欠きません。大人にははてしなく続く同じことのくり返しでも、慧太にとってはそうではなかったのでしょう。だから、気がついたときに登りきっていたのでした。

慧太を登らせようと私が思っていたら、私がもっと苦しい思いをしたでしょう。登ることを慧太にまかせ、私があとからついていったから、私も慧太もらくに登ることができたのです。
この日、私はらくだの学びは教材がなくても実践できることを体験したのでした。

●どんなによくない状況が起きても、これはつぎへ進むためのステップです

ある日、教育の森公園で開催された親子ファミリースポーツデイへの協力を文京区から依頼され、一輪車の講師として参加しました。

気軽に引き受けたものの、参加してびっくり。一度も一輪車に乗ったこともないほんとうの初心者が来るわ来るわ……。あまりの多さに一回の講習を一五分、約二〇名と決め、つぎからつぎへとこなしていきました。

朝の九時から午後二時まで、一〇分間の昼食をはさんでぶっ通しの五時間ですから、のべ四百名近くの人たちに講習したことになります。そうとわかっていれば引き受けなかったものの、いまさら帰るわけにもいかないし……。そこで、これをらくだのやり方でやってみるとどうなるかと考えたのです。

同じ講習を何度もくり返していたら、話すほうもあきがきますし、聞くほうもたまりません。そこで「毎回の講習を違うかたちでやろう」と自分に課題をあたえ、挑戦するかたちをとったのです。

らくだのプリントでも、漠然とやっている子どもはあまり楽しそうではありません。そこそこに進みはしますが、「次のプリントは三分を切るぞ」とか「ミスを三個以内を目標」とか自分の挑戦課題をもってプリントにとりくんでいる場合と比べたら、楽しさも効果も歴然とした差が出ます。

一輪車の場合にも、毎回の練習ごとに何をポイントにするかをはっきり決めてやってみました。一輪車に足をかけるときのペダルの位置、目の方向、姿勢、サドルの持ち方など、ポイントはたくさんあります。どこにポイントをおくかで、一輪車になじめるまでの時間に差が出るかどうかを眺めるつもりで指導を始めたら、五時間があっという間にたってしまいました。そして、だれでも一輪車に乗れるようにするためには、一五分の間に何を伝えればいいかも私なりにわかりました。これはたいへんな収穫でした。

らくだの教室をやる以前の私であったら、「無料で、こんな多人数の指導なんて冗談じゃない」と文句を言い、「頼まれてももう二度とするものか」と腹をたてながら、内心いやいや指導をしていたことでしょう。

でもそれは、あたえられた状況を生かさずに殺してしまうことです。子どもを力づくで方向づけすることを一切やめ、つねに子どもの状態を眺めるというかかわり方をするようになってから、私自身が変わったのかもしれません。どんなによくない状況が起きても、これはつぎへ進むためのステップだと思えるようになったのです。

一見どんなにマイナス状況にみえることでも、見方一つで生きてくる。これはらくだ教材を使っての学び方を通じて私が子どもから学んだことでした。

2. 教材がなくてもセルフラーニングはできる

●慧太がらくだの学習をやめる

次男慧太も長男同様、四歳かららくだの学習を始めていました。しかし、長男有太のときとは違います。有太のときには、彼を実験台にして教材をつくっていましたので、彼に途中でやめられては困るという緊張感が私にもありました。しかし、慧太が学習をするときには、もうすでに教材はほぼ完成していましたし、それほど慧太の教育には関心がなかったのです。

有太や私にどんなにいじめられてもめげない慧太。保育園には喜んで行くし、友だちとも積極的に遊ぶ。保育園でも泣かされるより泣かすほうが多い。かと思えば、二年ぐらい前のことを覚えていて親をときどき驚かせます。文字や数字への関心も高い。朝、いつまでも寝ているというだけで、問題と思えることはあまりなかったのです。ただ、すごい母親っ子で、女房にはわがままのし放題、そんな慧太でもらくだをやっていればと、安心しきっていました。

らくだの学習も慧太はてっきり自分からすすんでやっているものだと思っていたのです。しかし、現実は違いました。すくーるらくだに来ると、来ているお兄ちゃんたちへのいたずらが度を越していましたので、「お前が来ると、迷惑だ。そんな態度で通うならやめろ」と、私が言うと「いいよ、やめるよ」。あっさりしたものなのです。

そう言って、せいせいした慧太の顔を見て、私にやらされて、やっていたことがはっきりしました。私への義理でらくだをやっていたのかと、そのことが私にはショックでした。

たったこれだけのことで私は動揺しました。慧太にとって私は必要のない人間、私に頼らなくても生きていけるように、慧太はすでに自立してしまっているのかとさえ思ったのです。第三者から見ればばかげた話なのですが、らくだ教材を開発した者として、息子に捨てられた気分になってしまいました。

なぜ慧太に「すくーるらくだでこれ以上いたずらを続けるようだったら、らくだをやめさせるぞ。いいか？」というような問いを出したのかを考えてみました。まさか、「いいよ、やめるよ」

とは言うわけがないと思って発した問いだったのです。だから、私が彼の返事を聞き、動揺したのでしょう。

慧太の本心を聞いてしまったいま、慧太にらくだを続けさせる気はなくなっていました。「なぜやめるのか」と詰問し、慧太をなだめすかしてらくだの学習を継続させたとしても、ほんとうの気持ちはやめたいことに変わりはないのです。その気持ちを踏みにじって、やらせても学習が強制になるだけです。

「どうせ自分の気持ちを言っても父親は父親の思い通りにする」と慧太に思われては慧太と対等の関係ができなくなります。慧太が私の顔色を見ながら生きるようになるかもしれないと、そんな思いが交錯して、やめることに同意しました。

今回のように、「やめるか、やめないか」という選択肢を子どもに出す場合に、子どもがどちらの選択肢を選んだとしても、私に絶対に不満が残らない状態になっていないかぎり、安易に選択肢を出してはいけないことを学びました。この体験は、らくだの指導をおこなう場合にも、ひじょうにだいじな教訓となったのです。

こんないきさつがあって、とにかく慧太はらくだの学習をやめました。慧太がらくだの学習をやめて、初めて私の関心が慧太に向かったのだから、皮肉な話です。やめたおかげで、いまこそらくだのプリントを使わないらくだ的子育てを実践してみる絶好の機会だと考えるようになりました。

●『こぐまのくまくん』で早起きに

こんな折り、三重県で児童書専門店メリーゴーランドの店長増田喜昭氏の話を聞く機会がありました。

『『こぐまのくまくん』（福音館書店）と出会い、こんなにいい本が売れない、知られていないのはおかしいと思い、それがサラリーマンをやめ、児童書に興味も持ち本屋をするきっかけになった」と語っていました。そして、この中にある小話を二つ読んで聞かせてくれました。

私はそれまで、人には読み聞かせを勧めても私自身はほとんどしていませんでした。慧太が女房に「読んで」とせがむことをこれ幸いと、読まずにすんできましたが、時折読まされても、読んでいるとすぐ眠くなってしまいます。本音はめんどうでしかたなかったのです。私がどうしても読みたい本がなかったことも原因していたのでしょう。

しかし、この本は私が読んでみる気になりました。さっそく本屋に行ってくまくんシリーズの五冊を買ってきました。川端誠作の『お化けかるた』（グランまま社）も買いました。慧太はおばけが大好き、これを使ってらくだ的子育てをやってみようと思ったのです。家に帰って、慧太に見せました。

「慧太、このかるたほしいか?」

「うんほしい。ぼくおばけ大好きだもん。早くやろうよ」

「だめだめ。お前は寝るのが遅いから、これをもらう資格はない。ちゃんと一週間自分からふとんに九時半に入ったらこれを慧太にあげるよ」

「お父さんはずるいよ。そんなこと言うなら、ぼくいらないよ」

と慧太のほうが一枚も二枚も上手。しかたなく「そう、いらないのか」と言うしかありませんでした。

つぎに、『こぐまのくまくん』を出しました。

「慧太、読んであげようか」。

「うん」と言って膝にのってきました。この本は一冊が四編の小話で構成されていて、魅力的な内容の本です。この中の一編を読んで、本を閉じました。

「もっと読んで」とせがんできます。

「いいよ、慧太。この前七時には起きるって約束しただろう。そのためには九時半には寝ないと起きれないよね。だから、ほんとうに七時に起きたら、この中の話一つずつ読んであげてもいいよ」

「ほんとう？　ぼくがんばる。でもね、起きれないときはお父さん起こしてくれる？」

「いいよ。だから、この本はこの本棚のところにおいておくからね。きちんと起きれるようになったら、慧太にこれ全部あげるよ」

「わかった」。

やっとらくだ的子育ての手がかりができました。

つぎの朝、慧太は起きてきません。寝たままの慧太を抱き上げて、本棚のところまで連れてきて話しました。

「慧太、約束だから読んであげるよ。この五冊のうちどれがいい？　選んだ一冊の中にある話のうち、二つだけ読んであげるから、慧太決めて」。

そうこう話しているうちに、寝ていた慧太の眼が輝いてきました。

五冊の中から「かえってきたおとうさん」というタイトルの本を一冊手にとって、その中から「くまくんとふくろう」「くまくんとにんぎょひめ」という話を選びました。

この読み聞かせは、私にとって義務にはなりませんでした。慧太に読んでやらねばならない状況を慧太との約束（＝契約）でつくったのですが、結果として私が読みたいと思っている本を読めるように慧太に助けてもらうかたちになったからでした。こうでもしなければなかなか私が児童書を読むことはありません。慧太はつぎの朝、六時二〇分に起きてきてこう言いました。

「お父さん、どうしたんだろう。目がさめちゃった」。

冗談じゃない、こんなに早く起きられては私の仕事（早朝四時から原稿を書いているため）に支障が出ると思ったものの、そんな思いはみじんも見せず、約束通り本を読みました。そして、こう言いました。

「慧太、朝六時に起きれるようになったら、今度はマラソンをしようか。兄ニィもいっしょに」

「うん、起きれるようになったらね」。

慧太の早起きがきっかけになって、有太もまた早起きが復活するかもしれないと思ったのでした。

子どもをむりやり早く起こそうとしなくても、子どもに「〜をしたい」というものがあれば早く起きるのです。どんなことでも「〜をしたい」という要求が子どもの中にあれば、教材がなくても「押しつけない・強制しない・命令しない」指導はできると、このとき思ったのでした。

●初めてのことができるためには、「できない」と思わないこと

「お父さん、卵がひとつもないよ。どうしようか。ホットケーキできないよ」と有太。

これぞチャンスと慧太を呼びました。

「慧太、卵がなくて、有太が『朝ごはんつくれない』って言っているんだけど、隣のセブンイレブンで買ってきてくれない？」

「え、ぼくひとりで行くの？」

「慧太、もう五歳になったんだから、大丈夫だろう」。

慧太はいまだにエレベーターにひとりで乗れません。つまり、買い物にひとりで行くということは、マンションの一〇階から階段を使って下まで降り、帰りも階段で登ってくることを意味しているのです。

「買ってくるけど、下までお父さんが迎えにきてくれる？」

「お父さんはいま、新聞の切り抜きをやっていて手が離せない。慧太がひとりで階段上がってくればいいじゃん」と当たり前のように言いました。

「どうする？　慧太、買い物に行ってきてくれる？」

「ふつうの卵でいいの？　卵ちょうだいって言えばわかる？」

「五百円あげるから、卵って言えばわかるよ。慧太なら大丈夫だよ」

「うん」と自信のなさそうな顔をして出かけていきました。

「車、気をつけてね。おつりも忘れないように」と送り出すと、隣の部屋で聞いていた有太（当時中一）が出てきていました。

「お父さん、ほんとうに慧太ひとりで買い物に行かせたの？　親として無責任じゃないの。もしものことがあったらどうするんだよ」

「あったらあったでしょうがないじゃないか。でも、お前ほんとうに無責任だと思うかよ。お前だって楽だろう。慧太がひとりで買い物ができるようになれば、いちばん助かるのは有太だろう。慧太が自立するいいチャンスなんだから」。

無事卵を買って帰ってくるだろうかと、内心不安になって待っていましたが、慧太の足音がドアの外から聞こえてきました。

「お父さん、買ってきたよ。たまご買ってきたよ」と、まっかな顔をして叫びます。

「すごいね、さすが五歳。やった！」と言うと、「でも、疲れた」とドッと床の上に座り込んでしまいました。どうも一〇階まで一気に駆け上がってきたようでした。

＊

この日の夜、女房が「ちょっと、映画（ビデオ）を借りに行ってくるね」と言って出かけようとすると、いつものように「ぼくも行く」と慧太。

慧太は、女房の自転車の荷台に乗りながらこんな話をしたとのことでした。

「お母さん、ぼくもビデオ見たいなー。ぼくも見ていい？」

「いいわよ。みんなで見れるビデオ借りようね」

「でも、お父さんは途中で寝ちゃうね。お父さんは朝が早いから、夜も早いんだよね」。

この慧太。ビデオ屋につくと、自分でカウンターのおねえさんのところに行って、カウンターからちょこっと顔を出して「四人ぐらしのビデオかしてください」。おねえさん、キョトン！

借りたビデオは、ハリソン・フォード主演の「モスキート・コースト」でした。

●しごととして担っていることの意味

寝坊をして朝七時五〇分に起きてきた有太は、学生服に着がえてそのまま学校に行こうとしました。

「行ってきまーす」。

「有太、ちょっと待て」と、ワープロを打ちながら私が声をかけたのです。

「お前、何か忘れてんじゃないの?」

「朝ごはんの用意でしょ」

「そうだよ、なぜつくらないで行くんだ。冗談じゃない。お前のしごとだろうが」

「でも、つくると学校に遅刻しちゃうよ」

「お前が遅刻しようとどうしようとお父さんには関係ないよ。やるべきしごともしないで出かけるなんてふざけるな」。

ブスっとして「わかったよ。つくればいいんだろう」と台所に入っていきました。

ふだんはのんびりの有太が、このときばかりはすさまじい勢いでかんたんに目玉焼きだけをつくって、焼けている間にテーブルの用意をして、自分は食べずにあわてて学校に出かけていきました。

有太が小学校の二年生のとき、ついうっかり朝食を手伝いに台所に入ってきたのが運のつき。そのころは私が朝食をつくる係だったのですが、これ幸いと有太に朝食のつくり方を教えて、有太がひとりでもつくれるようになったころ「これからは朝食づくりは有太のしごとにしようか?お父さんの皿洗いとどっちがいい?」と聞きました。

そして、彼が自分で選んだのが朝食づくりだったのです。

いままで一度もさぼったことのない朝食づくりを、学校に遅れてしまうことを理由に当然の顔をして、そのまま学校に行こうとしたから、呼びとめただけのことでした。

家に帰ってから、有太に聞きました。

「けさ、頭にきたか?」

「きたよ。玄関を出てから、『あのくそおやじ死んでしまえ。このくそったれ』と言いながら、学校に行ったんだ」

「黙って学校に行こうとしたから怒っただけで、きちんとわけを話して、今日はやるべきことができないことを言えばよかったのにね。有太にまかせているしごとなんだから、黙ってそのまま
っていうのはなかったんじゃないの。つくればいいってもんじゃないしね。やると決めていたって、なんらかの理由でできないことはあるんだから、そのときは言ってくれれば、代わりにお父さんが朝食をつくってもいいんだからね」。

＊

この話を知人のお母さんに話すとこう言われました。

「つくらなければつくらなくていいんじゃなかったの? 本人のしごとなんだから、本人がつくらなければ、だれも朝食を食べない。そういうやり方じゃなかったんですか? たしか『期待

しない』生き方こそ自由になれるって、平井さんが話していたように思っていたのですが……」。

「たしかに、そう言いました。原則はそうだといまでも思っています。でも、私が朝食を食べられないから、その不満で怒ったわけではありません。私は朝食は食べたり食べなかったりですから、つくるつくらないはどうでもいいことなのですが、自分でやると決めたしごとへの自覚がないことに注意を促しただけです。家事より学校を優先させるなんて家では許されません。

それに、ここ数日六時半に起きると言っておきながら、起きるのは七時半ごろ。それが重なったこともありますね。寝坊して朝食をつくれないときはつくれないでしょうがないですから、どうしてつくれないか理由をきちんと言うべきだったのです。共同生活しているのですから、それは当然でしょう。

息子の寝坊のおかげで、その尻拭いを私がしなくてはいけないなんてまっぴらですからね」。

●できないことができるようになるのは、ある日突然です

「お父さん、走ろう」と慧太が起こしにきました。いつも寝るのが遅く、決して七時前に起きることのない慧太が私のベッドの横に、着がえて立っているのです。

「慧太が四歳になったら走ろう」と決めて、走っても三日と続かず、七時半ごろにならないと決して起きてこない慧太に、はたらきかけだけは続けてきましたが、何の効果もありませんでした。早く起きると口では言っても、そのために早く寝るなどということはなく、もうすっかりサジを投げていたのです。

いつもは五時ごろ起きている私がこの日にかぎって六時半でもまだ寝ていました。うつらうつらとしているところに慧太の急襲。はっきり言ってこの日、慧太に起こされるのは苦痛でしたが、めったにないこのチャンスを活かすのはいまだと思って起きてしまいました。

「わかったよ。慧太、走ろう」と久しぶりのジョギングに家を出たのです。

ほんとうに久しぶりの早朝ジョギングです。毎週テニススクールに通うようになって、朝のトレーニングの必要がなくなり、朝の時間を仕事に当てるようになったのは、その二年前の七月の入院がきっかけですから、一三ヵ月ぶりということになります。

六義園一周一・三キロのコースを半分走ったところで、慧太のあごが上がってきました。

「慧太、いそいで走ることはないけど、あそこの角まで走ってみようか。そうすれば全体の四分の三を走ったことになるよ。ここで歩くと半分。どうしようか。前走ったときはここまで走れたんだよね」と言うと、「もう一つの角まで走る」と言います。

角まで走って、角のところに来てまた聞いてみました。

せんでした。

「つぎの角まで走ると、一周走ったことになるよ」と言っても、もう、慧太に力は残っていま

「慧太、明日も走るの？」「うん、走るよ」「毎日走るの？」「うん」「そしたら、夜九時には寝ないと起きれないよ。大丈夫？」「今日から早く寝るようにするよ」。

いったいどうしたのかと思うほど素直でした。いままで無理に起こさず、待ったことが幸いしたのか、慧太に変わる時期がきたのかと思わずにいられませんでした。

あれほどいやがっていた水への顔つけができたのもこの夏。数日前には、頭からシャワーをかけながら目をつぶったままシャンプーで髪が洗えるようにもなりましたが（以前は抱きかかえて、仰向けのまま頭を後ろに下げて髪を洗っていた）、これらが自信になったのかもしれません。

これなら、エレベーターにひとりで乗ることもできるかもしれないと、この日、保育園に行くときに慧太に提案してみたのです。

「慧太はあんな時間にひとりで起きれるようになったんだから、エレベーターにひとりで乗るのも大丈夫なんじゃない？」

と言うと、いままで決してひとりでは乗らなかったエレベーターに乗りこんで、

「一〇階から九階までやってみるよ。お父さん、階段で九階まで降りて待っていて」と言いま

す。九階に走って駆けつけると、今度は「八階まで乗ってみる」と言います。

八階で慧太に言いました。

「今度は二階分一度に降りて大丈夫じゃない。六階までやってみようよ」「うん」。

「慧太、ここまで大丈夫だったんだから、六階から一階までやってみようよ」と、一気に一階までできてしまいました。できるときにはできるものです。慧太は自分の力で一つの壁を乗り越えました。

この日まで、どう言ってもひとりでは決してエレベーターに乗ろうとしなかった慧太です。このときまで「ひとりでエレベーターに乗るか、それができないなら階段を歩く」のいずれかの選択肢を出しても、決してエレベーターに乗ろうとしなかった慧太です。保育園へ通うとき、一〇階から一階までを毎朝歩いて降りることが二～三ヵ月続いていた慧太にとって、エレベーターの一人乗りは大変な快挙だったのです。

3．自己決定力が育つための適切な援助とは？

●「子どもが自分で決める」ために大人にできること

今日は日曜日、いつものように女房は仕事でいません。一時半からは「すくーるらくだ」で会合があるし、夕方からは知人の出版記念パーティ。女房は午後から合唱団の発表会があるため、仕事を途中でぬけて夜は打ち上げパーティ。帰宅は何時になるかわかりません。

慧太と朝から話し合いです。平日は一日三個のテレビ番組が、日曜日は五個に増えます。お母さんといっしょに夜のテレビを見るのを楽しみにしている慧太にとって、今日は試練の日なのです。

起きてきた慧太といっしょにホットケーキをつくり、ビックリマンを見ながら食べている慧太に聞きました。

「今日は何のテレビを見るの?」

「ビックリマン・ジライヤ・仮面ライダーブラック・ひみつのアッコちゃん・サザエさん」

「でもね、今日は夜、お父さんもお母さんもいないから見られないよ」

「どうして?　お母さんもいないの?」

いない理由を慧太に説明したあとで言いました。

「夜のパーティは、大人だけのパーティだからおもしろくないよ。もし、慧太が家でテレビを見ていたいんだったら、だれかに家に来てもらってもいいし、慧太が行きたい家があれば、その家に頼んであげてもいいよ」。

すんなり私といっしょに行きたいと言いました。私は続けました。

「らくだのプリント（半年休んで再開）はどうする？　夜は帰りが遅くなるからできないでしょ。帰ってきてからやるのは無理だから、やるとすればビックリマンを見終わったあと、ジライヤが始まるまでの三〇分の間にやるか、仮面ライダーブラックが終わったあとにやるしかないよ。どうする？」

「仮面ライダーブラックのあとにやるよ」。

仮面ライダーブラックが終わっても、プリントをやる様子がありません。

「慧太、らくだのプリントどうしたの？　仮面ライダーブラックが終わったらやるって言っていたんじゃないの？　やらないなら、やらなくてもいいけどさ。もう出かけるまで四〇分しかないし……」

「あ！　忘れてた」

「いまからやれば間に合うよ。どうする？」

「やるよ」。

プリントをやり終えた慧太に聞きました。

「今日の午後は、すくーるらくだにハーモニィセンター理事長の大野重男さんが来て話をしてくれるのだけれど、慧太も来る？」

「大野さんてだれ？」

「相馬の牧場にいっしょに行ったでしょ。竹とんぼくれたおじさん」

「あ、わかった。でも、ぼくは大ちゃんと遊びたいな」

「じゃあ、電話すれば」

「うん」と言って自分で電話をかけていましたが、留守でいません。いっしょにらくだに行きました。

しばらくは大野さんの隣りに座って聞いていたのですが、「ぼく、遊びに行ってくる」と言って出かけてしまいました。

ここ二～三週間前から、ひとりで遊びに出るようになったのですが、まだ五歳。何かと心配なため、ポケットには自分の名前と連絡先の電話番号を書いた紙をもたせて……。こんなときに電話がかかると気が気ではありません。不安になってきた私の頭に慧太が車とぶつかった情景が浮かびます。

そこで出かける慧太に聞きました。

「外に出て気をつけることはなあに？」

「走らないこと」

「そうだよ。とくに信号のない角では、必ず止まること。車の来ないことを確認してから渡るようにね」と。

毎朝、保育園に慧太のあとからついて通っていたのは、こんな日がくることを見越しての練習だったのかもしれないと思ったのでした。

出かけていった慧太は約束の四時半にすくーるらくだに帰ってきました。

「どうして時間がわかったの？」

「祐介くんのおばちゃんに四時半までに帰らないといけないから、時間教えてねと頼んだの」。

おかげで時計を読める長男よりも時間を守れる結果になったのでした。

●「押しつけない・強制しない・命令しない」指導とは？

長男有太とのかかわりのなかで、らくだの教材ができていきました。そして、次男慧太との関係で、「押しつけない・強制しない・命令しない」指導が見えてきたのです。

あるとき、ひとりの母親からこんな相談を受けました。

「実は小一の息子のことなんですが、一ヵ月三百円のおこづかいをあげると、その日のうちに全部使ってしまうので一銭もあげていなかったんです。私の父と同居しているのですが、孫には甘くてお金をやり放題なんです。

しばらく黙って様子を見ていたら、ある日祖父からもらった二千円を近所のスーパーのゲームコーナーで全部使ってしまい、いっしょに遊んでいた友だちから、『もっとお金もってこないと遊んでやらないぞ』と言われて、また、祖父のところにもらいにいったんです。そしたら、さすがの父も怒りましてね。

でも、孫にではなく私に怒るんです。『いったいどういう教育をしているんだ。お前がお金の管理をきちんと教えないからいけないんだ』と。私もそれまでたまったものが一気に噴き出して『冗談じゃないわ。この子はまだお金の価値を知らないの。渡せば全部使ってしまうし、だから渡していなかったの。おじいちゃんがあげるからいけないのよ』。二人で言い合っているわきで、息子は『お金くれないと、友だちが遊んでくれないよ』と泣いています。

こんな場合でも、『押しつけない・強制しない・命令しない』というやり方で、対応することができたのでしょうか」。

この瞬間です。私は数日前の慧太とのやりとりを思い出しました。

「お父さん、自転車で友だちの家に遊びにいっていい?」

たしかに、慧太はきのう突然自転車に乗れるようにはなったのです。しかし、乗れるといっても、公園の中で広いところをグルグルと走りまわる程度のことです。ブレーキのかけ方も知りませんし、角での一旦停止ももちろん知りません。ひとりで友だちの家に自転車で行けるわけがないのです。

しかし、「お前はまだ乗れないからだめだ」と言っても、「ぼく、乗れるよ」と言って聞くわけがありません。ここで「だめだ」と禁止せずに、らくだのやり方で対応してみたのです。

「慧太、わかった。じゃ、お父さんといっしょに公園を一周しよう」

と言って、私も自転車に乗って、慧太の先を走っていき、角をすぎたところで待っていました。倒れないように一生懸命に、肩に力を入れて、下だけを見て慧太が自転車に乗って走ってきます。案の定、角での一旦停止など頭にありません。

一心不乱に自転車をこいでいる慧太を呼びとめて言いました。

「慧太、ほんとうだったらいま死んでいたよ」

ポカンとしています。自分が乗ってきた道を振り返って、

「あ、そうか。角で止まらなかった」。

また、乗っていきました。今度の曲り角では必死の形相をして、やっといったん止まって、車が来ないことを確認して、また走り出したのです。

そうしたら今度は向こうから車がやってきたのです。車が来れば、道幅が狭くなります。慧太の視界に対向車が入ったのでしょう。車にぶつからないようにと思えば思うほど、慧太の自転車は車側に寄っていきます。車とぶつかる寸前のところで、慧太は自転車から飛び下りてしまいました。顔は蒼白、血の気がありません。

「さあ、慧太。行こう」と言っても、首を横に振って自転車に乗ろうともしません。ついに、自転車を押して、公園を一周する結果になりました。一周したところで聞いてみました。

「友だちのうちに自転車で行く?」「行かない」。

「どうして?」と聞くと、「だってぼく、自転車に乗れないもん」との返事。

このとき、思ったのです。なぜ「押しつけない・強制しない・命令しない」指導が可能かといえば、私と慧太が共通の情報をもったからです。初めの段階で、なぜ、友だちのうちに自転車で行くことに、私は「だめ」と思い、慧太は「大丈夫」と思った、その判断の違いは情報量の違いから起きていたのです。共通の情報をもつことができれば、そこに押しつけることも強制・命令することも必要がなくなるのです。

そんな実感をもったばかりでしたので、このお母さんにはこう言いました。

「こづかい帳をつけることを、息子さんに提案すればいいのではないですか」と。

「おじいちゃんがお金をあげつづけても、そのお金をいままで通り自由に息子さんが使ってもいいのです。ただ、その記録をつけておきさえすればいいのです。そうすれば、いったいいくらおじいちゃんが孫にあげているかがわかります。息子さんにしても、どのように何にお金を使っているかがわかります。

息子さんは、まだたし算もひき算も満足にはできない状態でしょうから、計算をしなくてもいいのです。だれにいくらもらい、何にいくら使ったのかさえわかっていればいいのです。その記録が残れば、共通情報をめぐって話し合いが成立するからです」。

らくだの学習で、「押しつけない・強制しない・命令しない」指導が成立するのは、学習の様子を記録表（一ヵ月一枚）に残しているからです。このこづかい帳をという発想は、単なるらくだ学習法の応用だったのです。

*

気がついてみればこんな当たり前のことなのに

なぜ親はその逆ばかりに一生懸命になるのだろう
だれだって勉強ができるようになりたいと思っている
だれだって自分の可能性を開きたいと思っている
しかし、自分の子どもだけはそうではないと
うちの子どもは私が何も言わないと勉強しないと思い込んで
毎日毎日勉強しなさいと声かけて
ときには嘆いて、悩んで、絶望して
自分の手には負えなくなると、塾や家庭教師にまかせている…
これは何も親だけに限ったことじゃない
学校の教師にしても
いやがることをむりやりやらせることが勉強だと錯覚して
せっせと宿題を出して、やってこなければ罰をあたえている
親や教師が子どものために熱心になればなるほど
がんばればがんばるほど、勉強ぎらいに拍車をかけて、勉強ぎらいを量産して
こんな現実を日々くり返しているにもかかわらず

性懲りもなく同じことを続けている

気がついてみればこんな当たり前のことなのに
なぜ親はその逆ばかりに一生懸命になるのだろう
だれだって「言われていやいややる勉強」と「自分からすすんでやる勉強」では
どちらがほんとうの学力を育てるかわかっているはずなのに
親はせっせせっせとほんとうの学力が育たないやり方を選んでいる
手をかけて、面倒を見て、わからなければ教えて
そんなやり方をするから、自分から決してすすんで学習しない子ども
言われたことしかしない子どもが育っているにもかかわらず
性懲りもなく同じことを続けている

だから、私の塾に来る親にはお願いした
「お母さん、この塾に子どもを入れたいなら二つだけ約束を守って下さい。
1、らくだのプリントやった？　との声かけをしないこと

2、らくだに行く時間でしょ？　との声かけをしないこと」

私が塾でやったことは、しないことだけだった
採点をしない、一方的に宿題を出さない、生徒のやる教材を私が勝手に決めない
たったそれだけのことで、子どもの目の色が変わってきた
私がしなければ、子どもがするのは当然の結果だったのだ
自分で採点し、自分で宿題の枚数を決め、自分で学習する教材も決める

気がついてみれば当たり前のことだった
子どもの勉強に、なぜ親や教師が口出しする必要があったのだ
言われるからやる気がなくなる、言われたことしかしなくなる
だから、親や教師も子どもの勉強に口出ししなくなれば
子どもが自分からすすんで学習するようになるのは自然のなりゆきだったのだ
子どもが採点をごまかしてもいい
実際の時間より速くできたと申告してもいい
自分の能力以上のプリントに挑戦してもいい

そんなことにめくじらを立て、怒り、力ずくでやめさせる親や教師がいるから
子どもの学習のはずが、親や教師の学習になってしまったのだ
自分の学習を事こまかに注意してくれる人がいるなら
自分は親や教師の言いなりになっていればいいと
そんな親や教師に自らの学習の管理をまかせてしまう子どもが育ったのだ
自分の勉強ができない原因を親や教師のせいにする子どもが育ったのだ

だから、どんな学習のやり方をやっていようと
押しつけや強制や命令をしてはいけなかったのだ
そんな学習のやり方をしていて、将来困るのは子ども自身
そのことを子どもが自分で気づく必要があったのだ
だから、親や教師はよけいなお世話さえしなければよかった
子どもが採点をごまかしても、実際の時間より早くできたと申告しても
自分の能力以上のプリントに挑戦しても、困るのは子ども自身だ
このやり方で学習を続けると、先に進めなくなると

子ども自身が自覚すれば、だれからも注意されなくても
そんなことを永遠にくり返すことはなくなる

だから、子どもが自分からすすんで学習するようになるのは
きわめてかんたんなことだった
親や教師がよけいなお世話をやめるだけでいい
自分がいかに子どものじゃまをしているか自覚するだけでいい
たったそれだけのことで、自分の可能性を人に頼らず
自ら切り開いていく子どもが育つ結果になったのだ

（89・9・14）

あとがき——新版にあたって

『セルフラーニング・どの子にも学力がつく』の初版が発行されたのが、一九九〇年の六月二〇日です。今回の新版にあたって、久しぶりに読み返してみたのですが、書かれてある内容に古さをまるで感じませんでした。そこで今回、加筆・訂正したのは、つぎのことでした。

らくだ教材のプリントをやった結果を記入する記録表が、以前よりもセルフラーニングの状態が一目でわかるように改訂されていたため、第一章に「記録表の説明」を追加しました。

初版には第一章に「考える力は対話式で」という部分があったのですが、それ以降の実践のなかで、「教えられずにわからないままやることのだいじさ」をより認識するようになり、それと同時に「対話式」を教室でやることも一切なくなったため、その部分を削除して、そこに、「わからないままやることで育つ『考える力』」を加筆しました。

また、「教えない教育」がＴＢＳテレビ「Ｎｅｗｓ23」の特集として紹介されたことがあったので、それを第一章に加筆しました。

またこの一四年間の変化に従って、第二章に「出入り自由な空間　入会金は生涯有効」を書き加え、第三章の「学校で教えられること・教えられないこと」を省きました。代わりに第三章に「自主性と自発性」「セルフラーニングと新標準・旧標準」、第四章に「具体的な実効をともなった『教育改革』を！」を加筆しましたが、基本的な考え方はほとんど変わっていません。

初版の中では、教育という臭いを極力排除したいと思い、教室の名称を「すぺーすらくだ」と呼んでいたのですが、子どもたちとかかわっていくうちに、このような学びの場こそ、本来の学校ではないかと思うようになり、「すくーるらくだ」と改名していましたから、その部分も書き換えました。

二〇〇八年、「すくーるらくだ」は、文京区本駒込から豊島区駒込に移転しました。ホームページや書籍の情報でお問い合わせいただく方はもちろん、教室の近くを通りかかって「塾らしくない雰囲気だが、何をしているところなのだろう」と、近隣の方にも関心をもっていただくことが多くなりました。ここで、幼児から大人までの通塾生、全国の通信生の生徒指導にあたっています。

また、「らくだメソッド」の確立にともない、社名も『有限会社セルフラーニング研究所』から『有限会社らくだメソッド』に変更しました。全国の私塾、学校、施設等に導入されている「らくだメソッド」を基礎学力をつけるための使い勝手の良いツールとして提供できるよう努めていく所存です。今後ともよろしくお願いいたします。

二〇一〇年二月

平井　雷太

著者紹介

平井 雷太（ひらい・らいた）

1949年長崎県生まれ。1973年早稲田大学政治経済学部卒業。

公文数学研究センター，スイス・サマースクール等の教育現場を経て，教材製作に着手。

自ら開発したプリント学習法「らくだメソッド」は全国の私塾をはじめ，現在は公立小・中学校，施設，大学等，さまざまな教育現場に導入されている。

1985年より（有）らくだメソッド（旧称：セルフラーニング研究所）代表として本部教室「すくーるらくだ」を主宰。現在も教室での生徒対応を中心に，保護者・教育関係者への援助を続けながら，30年の実践にもとづいた教育への提言を発信している。

著書に『らくだ学習法』（実業之日本社），『新・子育て廃業宣言』（セルフラーニング研究所）ほか多数。


「すくーるらくだ」（通塾・通信），「らくだメソッド」に関心がある方は，「らくだメソッド」のホームページ（http://www.rakuda-method.com）をごらんいただくか，下記までご連絡ください。

有限会社　らくだメソッド
170-0003　東京都豊島区駒込3-4-3
Tel：03-5856-2011　Fax：03-3917-5212
e-mail : info@rakuda-method.com

新曜社

新版 セルフラーニング
どの子にも学力がつく

初版第1刷発行　1990年6月20日©
新版第1刷発行　2005年9月25日
新版第4刷発行　2010年9月15日

著　者　平井 雷太
発行者　塩浦　暲
発行所　株式会社　新曜社
101-0051　東京都千代田区神田神保町2-10
電話（03）3264-4973（代）・FAX（03）3239-2958
E-mail：info@shin-yo-sha.co.jp
URL：http://www.shin-yo-sha.co.jp/

印　刷　長野印刷商工（株）　Printed in Japan
製　本　イマキ製本

ISBN978-4-7885-0964-1　C1037

付録　らくだ算数教材
——なぜセルフラーニングが可能なのか

1. 初めてたし算を学ぶ——数唱から+1へ

生まれて初めてたし算を学習する子どもに，一切教えずにどのように導入していけばいいのか，さまざまな方法を模索してきました。

タイルを操作しながら，量の世界から数の世界へ導入したこともあります。学校で算数がわからなくなる子どもが続出するのは，抽象的な数の世界から量の世界に入るからではないか。そう考えて，抽象的な数を具体物におきかえ，それをタイルで表現して，そのタイルを操作しながら，たし算を導入したのです。

しかし，この方法には子どもがセルフラーニングできないという欠点があります。

学校とか塾という場での実践であれば，子どもの側にも，その場でおこなわれることには参加しようという気持ちがはたらいていますので，学習が成立しやすいのですが，家庭ではそうはいきません。

この方法を自分の息子に対して実施する場合には，私が息子と共有する時間をつくって，息子を拘束しなくてはなりません。「お父さんにつきあえ」と，息子に学習を無理じいすることで，かえって息子を勉強ぎらいにさせる可能性さえあります。

かりに初めの数日は楽しく学習ができたとしても，その後も息子をタイルに集中させようと，あきさせずにおもしろく続けさせる自

信もなかったため，この方法はとりませんでした。当時サラリーマンをしていた私が，毎日そのための時間をとることは不可能だったからです。

そこで，こんな方法をとりました。

息子とはお風呂に入れば，「あといくつ数えたらお湯から出ようね」と自然に数を数えます。今日は1から10まで。1から10までができれば，つぎの日は20までと，1から100ぐらいまでの数唱は，何回かくり返すなかで，だれでも自然に言えるようになってしまいます。

この数唱を使って，たし算の導入ができないかと考えたのです。教えなくても見よう見まねで，0から9までの数字が書けるようになった息子に，横10マス・縦6マスの市販の練習帳を見せて，「このノートに，1日1ページ60個ずつの数字を書いてみないか」と提案しました。この方法であれば，息子がひとりで学習できますので，私がつきっきりになる必要もありません。放っておいても毎日自分からやれるからです。

1日1ページ，今日は1から60まで。つぎの日は61から120まで。3日目は121から180までと，毎日60ずつの数字を書くことにしたのです。1から1020までを18日間で書き上げましたが，こんなかたちで学習を進めていくなかで，大人にとっては一見単純にみえる作業が，息子にとってはそうではないことに気がつきました。

199のつぎに1000と書き，299のつぎにもまた1000と書いていました。「にひゃく」と言えても200と書けなかったのは，「200」という文字を知らなかったからです。つまり，数がスラスラ言えても書けないのは，言葉と文字が一致していなかった結果でした。幼児にとって数字を書いていく作業は，文字を1字1字つくりだして

いくような創造的な体験だったのではないかと理解しました。

1020まで書いたあと，息子は自分から希望して，再び1までもどって1020まで書くことを3回くり返しました。そして，1000以上の数に進みました。5000までの数字を書きすすみながら，息子は数を量として実感したようでした。毎日60ずつの数字を書いていても，何日も何日も経なければ5000まで到達しないことを身体で実感したのです。

1日60個ずつ書きつづけている息子を見ながら，数唱をスラスラ書けることがたし算の導入になると確信しました。つまり，「1289のつぎいくつ？」と聞かれて，「1290」とすぐ答えられれば，これはたし算をやっていることになる，すなわち1289＋1のたし算ができたのだと判断しました。

どの数から始めても，つぎの数を言えるということは，かけ算九九でいうなら，「6×8はいくつ？」と聞かれたときに，6の段の最初から6×1，6×2……と順に言わなくても，すぐに答えが48と言える状態と同じだと思ったのです。

「どこから始めても，つぎの数がいくつかを言える状態が，『スラスラできる』こと」と定義したときに，なにも5000までの数字を書く必要はなくなっていました。

そこで幼児教材の合格基準を1から130までの数を目安時間8分台で書けることとし，全体で13枚のプリントで構成したのです。この時間で書けるということは，「120のつぎの数はいくつ？」と聞かれても，すぐに121と答えられることを意味していたからです。

ですから，「たしざん（1）」（小1−1）のプリントは**図1**にもあるように，すべて＋1のプリントです。1＋1＝から50＋1＝までの問題が，50題並んでいます。1から130までの数が（8分台で）ス

1）3 + 1 =	11）12 + 1 =	21）21 + 1 =
2）2 + 1 =	12）13 + 1 =	22）23 + 1 =
3）1 + 1 =	13）11 + 1 =	23）22 + 1 =
4）4 + 1 =	14）15 + 1 =	24）26 + 1 =
5）6 + 1 =	15）14 + 1 =	25）25 + 1 =
6）7 + 1 =	16）16 + 1 =	26）24 + 1 =
⋮	⋮	⋮

図1　たしざん(1)(小1–1)

1）2 + 1 =	15）2 + 2 = 4 1)をみなさい	29）4 + 2 =
2）4 + 1 =	16）4 + 2 = 2)をみなさい	30）2 + 2 =
3）3 + 1 =	17）3 + 2 =	31）5 + 2 =
4）1 + 1 =	18）1 + 2 =	32）7 + 2 =
5）5 + 1 =	19）5 + 2 =	33）3 + 2 =
6）9 + 1 =	20）9 + 2 =	34）8 + 2 =
⋮	⋮	⋮

図2　たしざん(4)(小1–4)

ラスラ書ける子どもにとって，このプリントはかんたんにできてしまいます。

かりに1）の問題で，3＋1＝の+をさして，「先生，これなに？」と聞いてくれば，「これは“さんたすいちは”と読むんだよ」「3のつぎの数はいくつ？」と聞くだけで，以下の問題がすべてできてしまうのです。つまり，このひとことだけで一切教える必要がありません。

数唱をスラスラ書ける子どもにとって，たし算への導入は，＋1（つぎの数）の問題からがもっとも無理のない自然な流れであると考えたのです。

2. たし算のグレードアップ—— +2からたし算の完全マスターへ

「たしざん（1）」（小1−1）のプリントは，＋1ばかりの問題が50題。同様に，「たしざん（2）」（小1−2）のプリントでは，＋1ばかりの問題で70題（80＋1まで）。「たしざん（3）」（小1−3）は，84題（110＋1まで）となっています。そして，これらの目安時間はすべて3分。3分台でできれば合格ですが，3分台でできるということは，1から110までのどんな数を言われても，すぐにつぎの数が浮かぶという状態です。

「たしざん（4）」（小1−4）のプリントから，＋2の問題が始まります（**図2**）。図にもあるように1列めの問題はすべて+1の問題ですが，2列めのたされる数は1列めと同じで，たす数だけが+1から+2に変わっただけです。

ですから，初めて+2と出会う15）の問題では「これ，わからない」と聞いてくる子どもに対しては，1）の問題の答えをさして，

「これに1をたすといくつ？」と聞くだけ。つまり，1列めの答えにさらに1をたせば+2（つぎのつぎの数）の答えになると気がつけばいいわけです。

また，3列めに入って，29）で「4＋2はいくつ？」と聞いてくる子どもがいた場合には，16）をさして，「ここに同じ問題があるよ」と言うだけ。3列めの問題は，2列めとすべて同じで並び方を変えただけですから，時間をかけて同じ問題をさがしさえすれば必ず答えがわかるようになっています。

4列め・5列めに入っている問題の大半は，3列めまでの問題（14＋2まで）ですが，あらたに17＋2までの問題も入っています。つまり，15＋2，16＋2，17＋2の問題だけを，ヒントなしに考えるわけです。しかし，この問題を解くころには，＋2とはつぎのつぎの数であることが自然にわかっていますので，「わからない」といって聞いてくる子どもはほとんどいません。

このように，＋1のプリントは3枚（50→70→84題），＋2のプリントが3枚（70→90→90題），＋3のプリントが2枚（84→98題），＋4のプリントが1枚（90題），＋5のプリントが1枚（105題）と，プリントが1枚1枚進むごとに次第に問題数が多くなるようにつくられています。

また，内容でもつぎのようになっています（小1-1～10）。

「たしざん（1）～（10）」の内容

(1) 50＋1まで　　(2) 80＋1まで　　(3) 110＋1まで
(4) 17＋2まで　　(5) 28＋2まで　　(6) 45＋2まで
(7) 18＋3まで　　(8) 32＋3まで　　(9) 25＋4まで
(10) 25＋5まで

ここまでのプリントが目安時間3分で，このつぎの「たしざん(11)」から小1最後の（24）までは，5分になっています（小1-11～24)。

「たしざん（11)～(15)」の内容

ここでのプリントは，＋1から＋5までの問題が混在したまとめのプリントになっていて，（14）までは，各プリントの問題数は98題。そして，（15）以降（24）までの問題数はすべて120題になっています。

16枚目以降のプリントの内容は以下の通りです。

「たしざん（16)～(19)」の内容

（16）＋6の問題　（17）＋7の問題　（18）＋8の問題
（19）＋9と＋10の問題

20枚目以降のプリントは

「たしざん（20)～(24)」の内容

（20）たした合計が16まで　（21）合計が20まで
（22）合計が24まで　（23）合計が28まで　（24）まとめ

らくだ教材の内容は，学校教科書の学年配分通りにはなっていません。たとえば，小1の内容はすべてたし算の横式（暗算）で，ここにはひき算は一切入っていないのです。

0から9までのたし算をやり，それをマスターした後，0から9までの数字でひき算，つぎにケタ数を増やしていく流れもあるでしょう。しかし，たし算ができたといっても，指を使ってやっとできるという程度で，ひき算に入っても，子どもは混乱するばかり。日本語もまだおぼつかない状態で中途半端に外国語を学習しても，た

いした成果が上がらないのと同じです。それで，らくだの教材はまずたし算だけを小1の内容にしたのでした。

小1の教材は全部で24枚，すべてたし算のプリントです。120問の横式のたし算が5分台でできるようになった状態で小2に入ると，ひき算の横式の単元はわずか10枚で（小2-1～10）アッという間にできるようになってしまいます。

つまり，ある1つの単元を完全にマスターしてからつぎの単元に進むほうが，スラスラできない状態のままわからない2つの単元を同時に学習するよりも，学習効果が高いという考えでらくだ教材はつくられているのです。

3. 暗記のいらないかけ算九九
――教えなくても学習できる教材の完成

一切教えなくても子ども自身の力だけで学習していける教材が完成したと思ったのは，**図3**にあるようなかたちのかけ算九九のプリントができたときでした。じつに単純な教材です（小2-32～36）。

このプリントの初めのほうの問題には，「ににんがし・にさんがろく・にしがはち」とルビがふってあります。後ろのほうの問題には数式のみが書いてあります。ですから，かりに2×3の答がわからなければ，前のほうを見れば自分が解答入れした答えがあるというしくみになっています。

ルビがふってある部分を見ながら答えを書けば，時間がかかる，見なければ速くできる。つまり，このプリントが3分台でできたということは，ルビがふってあるヒントの部分を見ないでもできた，九九が身についたということになります。

どれくらいの時間でできるようになったかを見るだけで，かけ算

31) 3《さん》×1《いち》 =《が さん》	46) 4《し》×1《いち》 =《が し》	76) 2×2 =
32) 《さん》×《に》 =《が ろく》	47) 《し》×《に》 =《が はち》	77) 3×2 =
33) 《さ》×《ざん》 =《が く》	48) 《し》×《さん》 =《じゅうに》	78) 4×2 =
34) 《さん》×《し》 =《じゅうに》	49) 《し》×《し》 =《じゅうろく》	79) 2×3 =
35) 《さん》×《ご》 =《じゅうご》	50) 《し》×《ご》 =《にじゅう》	80) 3×3 =
36) 《さぶ》×《ろく》 =《じゅうはち》	51) 《し》×《ろく》 =《にじゅうし》	81) 4×3 =
37) 《さん》×《しち》 =《にじゅういち》	52) 《し》×《しち》 =《にじゅうはち》	82) 2×4 =
38) 《さん》×《ば》 =《にじゅうし》	53) 《し》×《は》 =《さんじゅうに》	83) 3×4 =
39) 《さん》×《く》 =《にじゅうしち》	54) 《し》×《く》 =《さんじゅうろく》	84) 4×4 =
40) 3《さん》×2《に》 =	55) 4《し》×1《いち》 =	85) 2×5 =
41) 3《さん》×4《し》 =	56) 4《し》×4《し》 =	86) 3×5 =
42) 3《さん》×5《ご》 =	57) 4《し》×5《ご》 =	87) 4×5 =
⋮	⋮	⋮

図3　かけ算九九(1)(小2−32)

九九をどの程度習熟しているか子ども自身にもわかるようになっているのです。

かけ算九九のプリントは全部で５枚しかありません。１枚めが１の段から４の段まで，２枚めが５の段から７の段，３枚めが８の段・９の段と配分されており，４枚めがヒントつきのまとめの問題，そして５枚めが一切ヒントなしのプリントというぐあいです。ですから，５枚めのプリントをやってみれば，ほんとうに九九が身についているかどうかが確認できるのです。

こんな形式のプリントを思いついたおかげで，わずか５枚の教材

でかけ算九九をだれでも完全にマスターできるようになりました。

かけ算九九をどのように身につけるかといえば，ふつうおこなわれているのは，口で唱えながら暗記する方法です。歌のように唱えて，覚えているかどうかをだれかに確かめてもらう。そして学校では，テストをして「～の段まで合格」と先生に判定してもらうわけです。

しかし，らくだのプリントはテストではありません。覚えているかどうか確かめるためのプリントではなく，プリントをやることで，気がついたときにはかけ算九九が自然に身についてしまう，そんなプリントです。ですから，このプリントで学習しているかぎり，九九を暗記する必要はないのです。

3分台でできなければ，まだヒントを見ながら答えを記入しているわけですし，ミスがあれば，ヒントに頼らず記憶違いをしていただけのこと。つまり，九九を身につけていなければ，ルビのヒントを見ているわけですから，時間もかかります。

しかし，何回か同じプリントをくり返して学習していくうちに，覚えてしまった九九については自然にヒントを見なくなるのですから，時間も次第に速くなってしまいます。どれくらい時間がかかったのか，ミスはいくつあったのかと，その情報をもとに，そのプリントをあと何枚学習すればいいのか，子ども自身が判断できるというわけです。

日本人であれば，だれでも日本語が話せます。しかし，日本語を話せるようになりたいと，一生懸命日本語を暗記した人はひとりもいないでしょう。気がついたらできるようになっていた――だからこそ日本語を自在に使いこなせるのです。しかし，算数・数学に関しては，だれでもできるようにはなっていません。なぜそうでない

のかが不思議でした。

「覚えよう」「暗記しよう」と思うから「勉強」になる。覚えようとするから忘れる，苦痛になる。ですから，覚えようとしなくてもだれでも日本語ができてしまうように，気がついたときにはだれでも自然に九九が身についている，そんなプリントができればと考えた結果が，このプリントになったのでした。

4. かけ算のグレードアップ―― 3ケタ×1ケタの導入

らくだの教材には，どうやって解くかという解説の部分がほとんどありません。

ふつうの問題集ならば，まず解説があって，例題があって，基本問題・応用問題と進むのですが，らくだの教材にはその解説部分がないのです。

なぜないのかといえば，多くの子どもたちは解説の部分を読んでから問題にとりかかるということをほとんどしないからです。解説を読み，自分で例題を解いて，それから問題をやればわかるはずなのに，とにかく問題にとびついて，できなければ「むずかしい」「わからない」「習っていない」と言って投げだしてしまうのです。

「わからなかったら解説を読んでごらん」といっても，解説を読もうとしない子どもがほとんど。教えられるまで問題にとりくもうとしません。

とはいいながら，考えてみれば私も同じことをやっていました。電気製品やワープロを買っても，説明書をスミからスミまで読んで使い方を理解してから操作するのではなく，まず機械本体をさわって，いじって，どうすれば動くのだろうかと自分で考えるタイプだ

からです。動けばそのまま使いますし，動かなければ，そこでやっと説明書をとりだすというぐあいです。

メカにつよい人がいつもそばにいて，機械の動かし方を親切に教えてくれたら便利ですが，万が一その人がいない場合には困ってしまうでしょう。ひとりでやらなければならないとなれば，あきらめるか，自分でくふうするかのいずれかになります。そのときに，ふだん教えてもらうことに慣れている人が自分で考えるようになるのは並大抵のことではありません。

学習の場合でも同じです。

子どもが「ねえー，これどうやってやるの？」と聞いてくるたびに，ていねいに受け答えをしてやり方を教えていると，その子は自分で考えることをしなくなってしまいます。「わからなかったら先生に聞けばいい」という思考回路ができてしまうからです。

この教材を作りはじめた最初のころは，「ここに説明が書いてあるから，よく読んでやってごらん。自分で考えてやってみて，わからなければもう一度もっておいで」と対応していたのですが，そういう手間さえかからないようにと，できるかぎり解説の部分を必要としない教材，一切教えなくても独力で進んでいける教材をつくることをめざしたのでした。

＊

一切の解説を省いて，はたして教材がつくれるのか，はなはだ疑問だったのですが，かけ算の単元でとくに苦労したのが３ケタ×１ケタの導入でした。

２ケタ×１ケタまでがほぼ完璧にできる子でも，３ケタ×１ケタになると突然できなくなる子が多いのです。桁がひとつ増えるだけですから難なくできるだろうと思っていたのですが，そうはかんたん

にいきません。

多くの子どもたちが「ねえ先生，これどうやってやるの？」と聞いてきました。口で説明してもなかなかわかりません。子どもにとっては，2ケタ×1ケタまでができても，3ケタ×1ケタの問題はその延長にはないのです。

そこで何度も教材をつくりかえ，できあがったのが「かけ算(5)」（小3−7）（**図4**参照）のプリントでした。

45）までが2ケタ×1ケタで，46）から3ケタ×1ケタが始まっています。45）までは完全にできているのに，46）からができずに「先生，これどうやってやるの？」と聞いてくる子には，46）をさして「0×9はいくつ？」と聞きます。

「0」と答え，その答えを□の中に書けば，「それでいいよ」と言います。また，37）の答え（774）と46）の千の位，百の位，十の位の数字が同じであることも教えます。

なぜ，こんなことになるのかといえば，37）から45）までの問題のかけられる数が，46）から54）までの問題の百の位と十の位と同じになっているからなのです。

つまり，46）から54）までのかけ算は，一の位同士のかけ算ができれば，あとは左列の問題の答えをつけ加えれば答えが出てしまうのです。

ですから，3ケタ×1ケタのかけ算のやり方を説明しなくても，46）から54）までの問題を解いている間に，計算手順が自然にわかってしまいます。55）に入ると，かけられる数の一の位とかける数を変えているのですが，この問題に入ってから3ケタ×1ケタのやり方がわからないといって質問してくる子どもはほとんどいなかったのです。

37)　86
×　9
774

38)　97
×　8
776

39)　69
×　7
483

40)　97
×　9
873

41)　88
×　8
704

42)　39
×　8
312

43)　89
×　8
712

44)　59
×　9
531

45)　99
×　9
891

46)　860
×　9
774□

47)　971
×　8

48)　690
×　7

49)　971
×　9

50)　880
×　8

51)　390
×　8

52)　891
×　8

53)　590
×　9

54)　991
×　9

55)　862
×　2

56)　972
×　3

57)　693
×　2

58)　973
×　3

59)　883
×　2

60)　392
×　4

61)　893
×　2

62)　594
×　2

63)　994
×　2

図4　かけ算(5)(小3−7)

5. かけ算からわり算への流れ
——かけ算の完全マスターからの導入

かけ算からわり算への流れについても，たし算の流れのときと同じことがいえます。

小1相当の教材内容は，たし算の横式（暗算練習）のプリント24枚だけで構成されています。なぜ，ひき算を一緒に学習しないのかといえば，たし算がスラスラできる子どもにとって，ひき算はいともかんたんにできてしまうからです。ちなみにひき算の横式のプリントは，小2相当にわずか10枚しかありません。ここでつまずく子どもは皆無です。かけ算九九を完全にマスターしていれば，わり算でつまずく子が1人もいないのと同じです。

かけ算九九を完全に身につけないうちにわり算に入るから，わり算がむずかしく感じられるのです。ですから，小2教材の最後で，かけ算九九を5枚のプリントで完全にマスターし，120問を3分台でできるようになった状態で小3教材に進みますが，九九がこれだけスラスラできる状態になっていても，すぐにはわり算教材に入りません。

ケタ数の多いかけ算のプリントをやりながら，かけ算九九のさらなる定着をはかります。つまり，わり算に入る前にまず2ケタ×1ケタのプリントを4枚，3ケタ×1ケタを2枚，4ケタ×1ケタを1枚，2ケタ×2ケタを3枚，3ケタ×2ケタを2枚と計12枚のプリントを学習し（小3-3～14），最後の3ケタ×2ケタのプリントでは45問を12分台でできるようになってから，わり算の単元に入ります。

すでに身につけたかけ算を使ってわり算を学習するわけですから，

図5の「九九の逆（1)」（小3–15）にある通り，わり算の導入は1）から3）までの流れになります。

まず，1）で2×3の九九をおこない，2）で2×□＝6。2にどんな数をかけたら6になるかと考えて，□の中にその数字を記入します（答えは1）にある)。つまり，その答えを考える過程そのものがすでにわり算をおこなっていることであり，そのことに気づかせるために，3）に6÷2の問題があるのです。

しかし，この段階では2）の2×□＝6という問題の答えと，3）で6÷2の答えが同じであるということはわかっていないのですから，2）と3）の双方に（＊2になにをかけたら6？）というヒントをつけて，2）と3）の答えが同じであることをさりげなく伝えています。

こんなかたちの問題を42題（3列）やってから，43）からかけ算のヒントなし。43）で6×□＝24というかけ算の逆をやってから，44）でわり算というぐあいです。このかたちは43）から70）まで28題（2列)。そして，71）からヒントなしのわり算がまた28題，98）まで続きます。

これまでの全体の目安時間は3分。3ケタ×2ケタのかけ算を完全にマスターした子どもがこのプリントを学習するのですから，あまりのないわり算は少しもむずかしくありません。ほとんどの子どもがあっという間に合格してしまいます。

かけ算九九完全習熟プリントの5枚に対して，横式わり算（あまりなし）の習熟プリントはわずか3枚。かけ算九九を完璧に身につけた子どもにとっては，わり算はほとんど困らない単元なのです。

しかし，あまりのあるわり算はそうはかんたんにいきません。導入は**図6**のように「あまりのあるわり算（1)」（小3–18）の1）か

1） 2×3＝	15） 3×5＝	43） 6×□＝24	71） 6÷2＝
2） 2×□＝6 ＊2になにをかけたら6？	16） 3×□＝15	44） 24÷6＝	72） 10÷2＝
3） 6÷2＝ ＊2になにをかけたら6？	17） 15÷3＝	45） 6×□＝36	73） 16÷2＝
4） 2×5＝	18） 3×6＝	46） 36÷6＝	74） 18÷2＝
5） 2×□＝10	19） 3×□＝18	47） 7×□＝14	75） 12÷3＝
6） 10÷2＝	20） 18÷3＝	48） 14÷7＝	76） 15÷3＝
⋮	⋮	⋮	⋮

図5　九九の逆(1)(小3−15)

1） 2×3＝	31） 16÷4＝	76） 9÷2＝4…
2） 6÷2＝	32） 19−16＝	77） 13÷2＝6…
3） 7−6＝	33） 19÷4＝4…	78） 16÷3＝5…
4） 2×3＋□＝7	34） 15÷5＝	79） 23÷3＝7…
5） 7÷2＝3…□	35） 18−15＝	80） 14÷4＝3…
6） 2×5＝	36） 18÷5＝3…	81） 27÷4＝6…
⋮	⋮	⋮

図6　あまりのあるわり算(1)(小3−18)

ら5）までの流れです。7−6，2×3＋□＝7のような問題を入れて，ひき算を使ってあまりを求めることを意識させ，ただあまりだけを求めるための練習をおこなっています。

このやり方が30）まで続き，31）からは導入の5過程を3過程にしました。つまり，33）で，19÷4＝4……であまりがいくつか

をどう計算すればいいのか，わりきれない場合にはどう書けばいいのか，このやり方での学習が75）まで。76）以降90）までは，1過程のみであまりのみを求める問題になっています。

あまりがわる数より大きくならないためにはどんな数をたてればいいのか，この段階では考えなくてすむように，かけ算とひき算を同時に使ってあまりだけを求める練習を，この導入プリントにしました。あまりのあるわり算は全部で6枚，6枚めは98問が10分台でできることを合格基準にしています。

6. わり算のグレードアップ―― 3ケタ÷2ケタのわり算

小6生以上，中学生や高校生，大人でも「算数・数学がいくら勉強してもできるようにならない」「算数・数学が苦手だった」といって「すくーるらくだ」に来る場合，必ずといっていいほどつまずいている単元は，異分母分数のたし算・ひき算と3ケタ÷2ケタのわり算です。

たとえば，124÷17などの場合に，どんな数がたつのかすぐにわからないのです。それがわからなければ$\frac{13}{52}$とか$\frac{34}{51}$，$\frac{19}{38}$を見てもこれ以上約分できるかどうかわからない，見てすぐ分母・分子を何でわれるかわからないことになってしまいます。わり算や約分のやり方を知っていても，すぐにどんな数でわれるのかの見当がたてられなければ，自在に使いこなすことはできません。

124÷17の計算をおこなう場合でも，適当にあてずっぽうで「17×ある数」のかけ算をやってみて，124に限りなく近い数を見つけるようなやり方では，そのたびごとに何度も「17×ある数」のかけ算をしなくてはならないのですから，その面倒なことといったら

ありません。

そこで，このやり方では大変だからと，124 ÷ 17 の式を，124，17 を四捨五入して 120，20 として数の見当をつけるやり方を教える人もいます。しかし，このやり方では，124 ÷ 17 の式の場合には，120 ÷ 20 = 6 となり，実際には 124 ÷ 17 = 6…22 となって，あまりがわる数より大きくなっても，そのまま答えとしてしまう場合が多いのです。

そんなまちがいを防ぐために，らくだ教材ではつぎのようなやり方をしています。「2 ケタのわり算（1）」（小 4−6）（**図 7**）の導入は，こんなぐあいです。

45 ÷ 21 の問題は，4 ÷ 2 ができればできるというわけです。つまり，一の位を四捨五入するのではなく，切り捨ててしまうのです。2）のところで，わる方もわられる方も両方，一の位を隠して仮の数をたてるのですが，4 ÷ 2 の答えがわかっても，$\overline{)}$ というかたちのわり算が，ここで初めて出てくるわけですから，「これ，わからない」と聞いてくる子どもが何人かいます。聞いてきても，私がすることはこのプリントを読むだけ。ここに書いてあること以外のことは，一切言いません。

「21 × 2 が 42 でしょ。45 から 42 のひき算は？　この□の中と，…□の中は同じだから」という程度です。それでもわからない場合には「裏面に答えが書いてあるから，どうしてその数字になるか考えながらうつしてみて。ただ，答えを見てやった問題については，番号に丸印をつけてミスとして数えてね」と言うのです。4）では，65 ÷ 21 であれば，6 ÷ 2 でやってみるというぐあいです。

しかし，このやり方でやっていくと，**図 8** のような「2 ケタのわり算（2）」（小 4−7）のプリントの 33）（83 ÷ 21）のように，8 ÷ 2

＝4の答えをたてると，21×4＝84となって，そのままの数では答えにならない場合が発生します。わられる数83より大きくなりますので，33）の答えは4がたたないことを知らせるため，答えのところに最初から3と入れてあるのです。そのつぎの問題34）では，答えのわきに4→3と記入し，たてた答えから1つ下げる場合があるのだということを事前に示しています。

「2ケタのわり算（3）」（小4–8）のプリント（**図9**）から，3ケタ÷2ケタのわり算になります。

1）から48）まではわるほうもわられるほうも両方とも，一の位を隠して107÷21は10÷2として考えれば答えが求められる問題ばかりが並んでいますが，49）からは違います。

49）では11÷2で5がたち，答えになるのですが，50）では12÷2でも6はたちません。22×5が110になることは49）を見てもわかります。51）と52），53）と54）の関係も同じようになっています。つまり，このプリントではたてた答えから1つ下げれば答えになるのです。

「2ケタのわり算（4）」（小4–9）のプリント（**図10**）の35）からは1つ下げただけでは答えにならない問題が続きます。140÷27は14÷2で7→6→5というぐあいに，2つ下げないと求める答えになりません。

「2ケタのわり算（9）」（小4–14）（**図11**）では，22÷2で11→10→9→8と3つ下げないと答えが出ないのです。このようにわる数とわられる数の一の位を隠しながらどんな数をたてれば答えになるかというやり方で計算をしていくと，**図12**（171÷19）のような問題（「2ケタのわり算（10）」（小4–15））が，3ケタ÷2ケタの問題のなかでは，もっとも難度が高い問題ということになります。

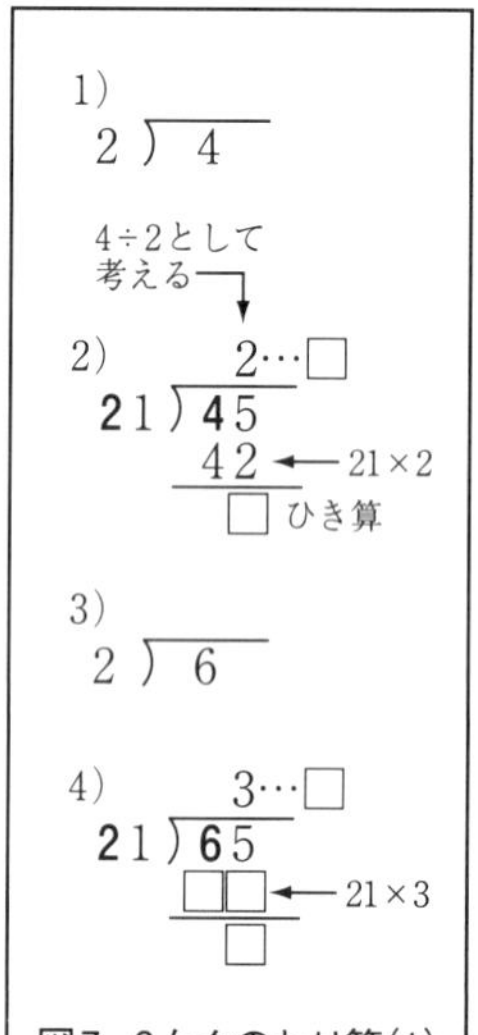

図7　2ケタのわり算(1)(小4−6)

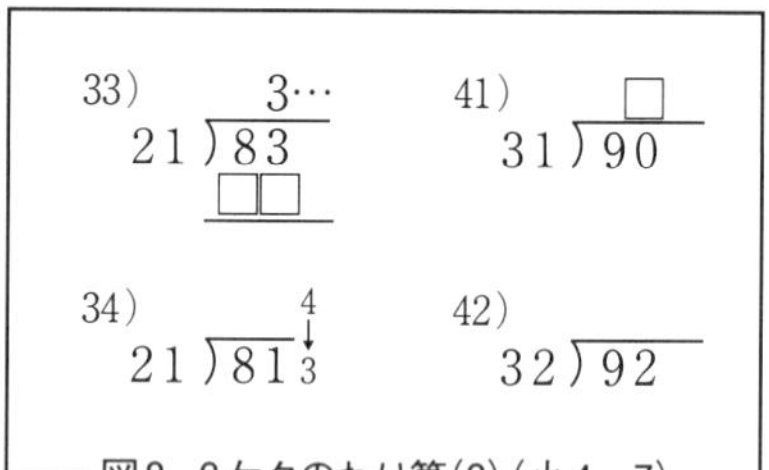

図8　2ケタのわり算(2)(小4−7)

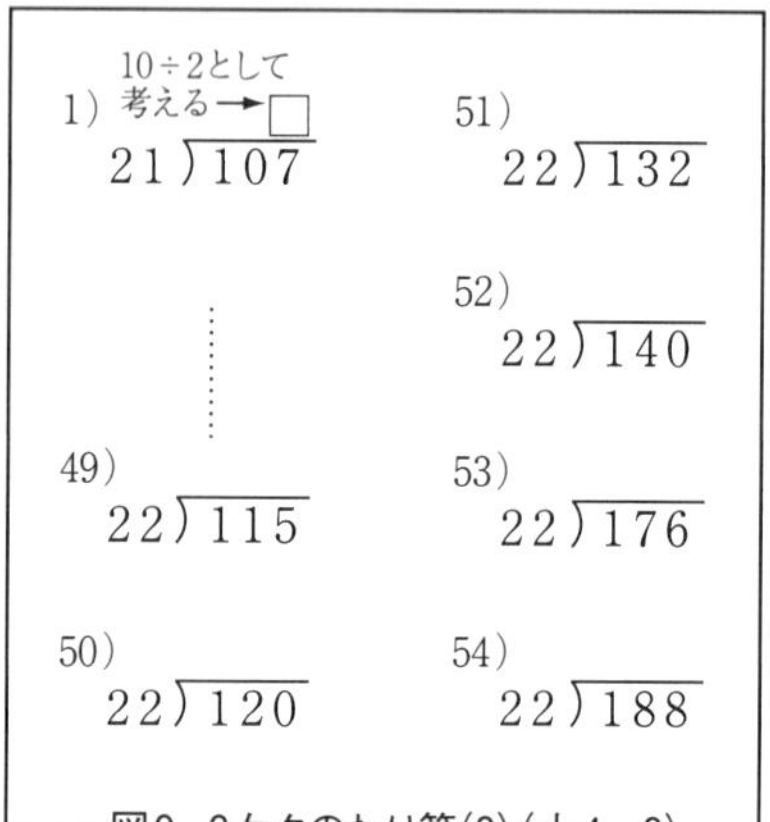

図9　2ケタのわり算(3)(小4−8)

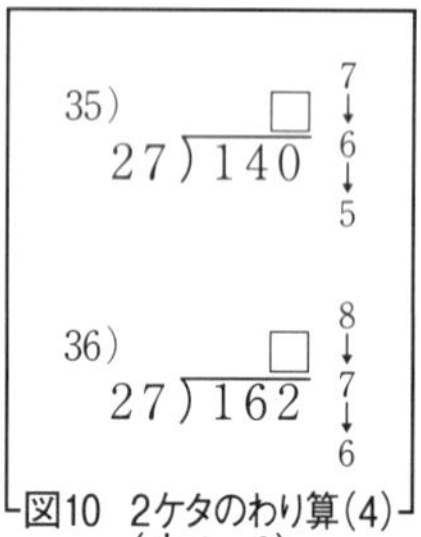

図10　2ケタのわり算(4)(小4−9)

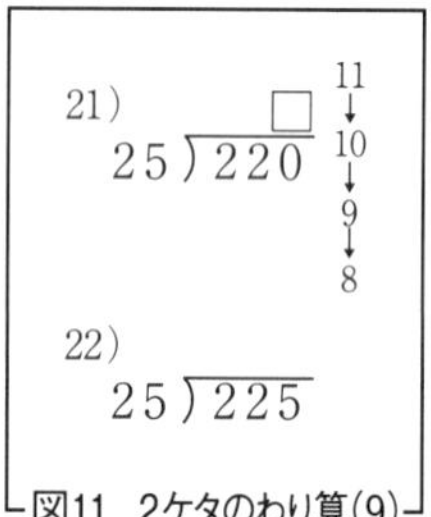

図11　2ケタのわり算(9)(小4−14)

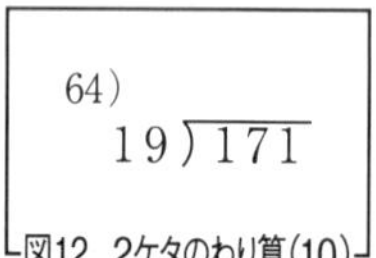

図12　2ケタのわり算(10)(小4−15)

ですから，3ケタ÷2ケタの問題は，たてた数から1つ下げる，2つ下げる，3つ下げる……という流れが易から難へのグレードになったのでした。

3ケタ÷2ケタの問題は全部で16枚で構成され（小4-6～21），各プリント64題を12分台でできれば合格。すなわち，12分台でできるということは，見た瞬間に何がたつかがわかるというほどの習熟を意味しています。ここを通過した子どもにとって，その後に続く3ケタのわり算の問題は，少しもむずかしくなかったのでした。

7. 同分母分数たし算のポイント——仮分数と帯分数

小4教材は全部で41枚。そのうち最初の5枚（小4-1～5）が小3までのまとめ，6枚めからが2ケタのわり算で，16枚（小4-6～21）。そのつぎから，同分母同士の分数のたし算・ひき算のプリントが11枚（小4-22～32）続きます。小4-33からが約分教材となっています。

分数教材をつくるにあたって，当初はわり算を使って導入していました。ひき算への導入はたし算を使っておこない，わり算への導入はかけ算を使っていたのです。ですから，同様に分数への導入はわり算を使ってと考えたわけです。

まず，14÷5，12÷5，13÷5などのわり算をやってから，「わり算の商を分数であらわしなさい」という指示文を出して，**図13**の問題をつくりました。

機械的にやるわけですから，この問題はかんたんにできます。そして**図14**のプリントで「仮分数を帯分数になおしなさい」という問題を出し，**図15**の3枚めで「仮分数になおしなさい」の問題を

1）$14 \div 5 = \frac{\boxed{14}}{5}$　　3）$13 \div 5 = \frac{13}{\square}$(分母)

2）$12 \div 5 = \frac{\square}{5}$　　4）$19 \div 5 =$

図13　小3までの復習(1)(小4−1)

1）$\frac{11}{5} = 2\frac{1}{\square}$　　4）$\frac{31}{6} =$

2）$\frac{11}{4} = \square\frac{3}{4}$　　5）$\frac{50}{7} =$

3）$\frac{22}{5} = 4\frac{\square}{\square}$

図14　小3までの復習(2)(小4−2)

1）$1\frac{3}{5} =$　　4）$3\frac{1}{4} =$

2）$1\frac{4}{5} =$　　5）$4\frac{3}{5} =$

3）$2\frac{1}{5} =$

図15　小3までの復習(3)(小4−3)

おこないました。

こんなかたちで学習を進めていくと，たしかに教えなくてもできるようにはなるのです。しかし，一切分数の概念を教えず，できることを中心に教材をつくっていく過程で，このようなかたちで学習を進めていくと，「どんな問題ができなくなるか」がわかりました。

たとえば，$4\frac{1}{4} - 2\frac{3}{4}$ の問題を解く場合に，$3\frac{5}{4} - 2\frac{3}{4}$ とするのが，なかなかかんたんにできないのです。これができないのは，$4\frac{1}{4} = 3\frac{\square}{4}$ という練習をしていないためだと判断して，今度はそのタイプの問題を数多くつくってみました。

しかし，つぎのような問題になるとまたできないのです。

$$4\frac{1}{4} - \left(1\frac{3}{4} + 1\frac{3}{4}\right) = 2\frac{\square}{4} - 2\frac{6}{4} =$$

つまり，$4\frac{1}{4} = 3\frac{\square}{4} = 2\frac{\square}{4}$ という計算が自在にできないことに原因があることがわかりました。中学生になっても，分数でつまずい

ている生徒の多くは，**図 16** のような計算のやり方をします。その場でやり方を教え，その問題に関してはわかったような気になっても，ほかの問題になるとまた，すべてを仮分数に直して計算しているのです。これでは正しい答えにはなりますが，整数の数が大きくなればなるほど，計算は複雑になりミスも多くなります。ですから，放っておくわけにはいきません。

学校では，分数の単元に入るときには，計算に入る前に「分数とは何か」と，その概念から教えているのですが，多くの子どもに残るのは，その最終的なやり方だけ。分数の概念がほんとうにわかっていれば，そこから類推して $4\frac{5}{35}=3\frac{40}{35}=2\frac{75}{35}$ と，直せそうなものですが，そうかんたんにいきません。**図16** のように，$\frac{5}{35}$ から $\frac{21}{35}$ はひけないからと，帯分数をすべて仮分数に直して計算する子どもが非常に多いのです。

ですから，この同分母分数の教材をつくるにあたって，もっとも苦労したのは，手とり足とり教えずに，どうすれば $4\frac{5}{35}$ を $3\frac{40}{35}$ というかたちに書き換えることができるかという点でした。

その結果，わり算からの導入をやめ，1 枚めのプリントは「分数 (1)」（小 4−22）（**図 17**）にあるようなかたちになりました。このプリントでいちおう何が仮分数で何が帯分数かを知ることはできるのですが，これだけでは，ほとんど仮分数も帯分数も意識しません。

そこで，つぎのプリント「分数 (2)」（小 4−23）（**図 18**）で，仮分数と帯分数の区別を漢字で書かせるようにして，仮分数から帯分数への導入は**図 19** のようにおこないました。

帯分数から仮分数への導入は，「分数 (3)」（小 4−24）で**図 20** の通りです。まず，整数から仮分数に直して，分母がなければ仮分数にならないことを体験して，それから帯分数を仮分数にというぐ

$$4\frac{1}{7}-2\frac{3}{5}=4\frac{5}{35}-2\frac{21}{35}$$
$$=\frac{145}{35}-\frac{91}{35}$$
$$=\frac{54}{35}$$
$$=1\frac{19}{35}$$

図16

□ を1とする

1) $\frac{1}{2}$ $\frac{1}{2}$ $\frac{1}{2}$ が2こで $\frac{□}{2}$

2分《ぶん》の1(よみ方)　2分《ぶん》の2

2) $\frac{1}{3}$ $\frac{1}{3}$ $\frac{1}{3}$ $\frac{1}{3}$ が □ こで $\frac{3}{3}$

3分《ぶん》の1　3分《ぶん》の3

8) $\frac{1}{2}$ が5こで $\frac{□}{2}$

9) $\frac{1}{4}$ が6こで $\frac{□}{4}$

10) $\frac{1}{3}$ が2こで □

11) $\frac{1}{5}$ が4こで □

図17　分数(1)(小4−22)

1) $\frac{7}{5}$ は (仮分数)

2) $1\frac{1}{2}$ は (帯分数)

3) $2\frac{3}{4}$ は (　　　　)

図18　分数(2)(小4−23)

1) $\frac{11}{5}=2\frac{□}{5}$　$5\overline{)11}$ 2…1

2) $\frac{11}{4}=□\frac{3}{4}$　$4\overline{)11}$ 2…3

3) $\frac{22}{5}=4\frac{□}{5}$　$5\overline{)22}$ 4…2

図19　分数(2)(小4−23)

1) $2=\frac{8}{4}$　　2) $2=\frac{}{5}$

23) $2\frac{1}{4}=\frac{\square}{4}$　2×4+1=9　　24) $2\frac{1}{5}=$

図20　分数(3)(小4−24)

3)

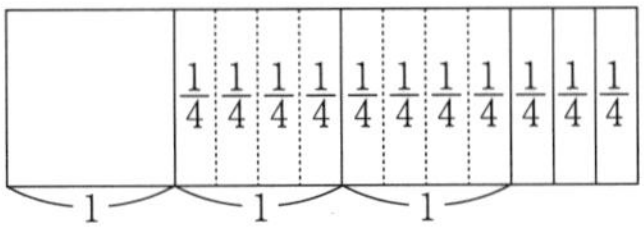

$3\frac{3}{4}=1+2\frac{3}{4}=1\frac{\square}{4}$

4) $3\frac{1}{4}=\frac{\square}{4}=2\frac{\square}{4}=1\frac{\square}{4}$

5) $4\frac{3}{4}=\frac{\square}{4}=3\frac{\square}{4}=2\frac{\square}{4}=1\frac{\square}{4}$

6) $4\frac{2}{3}=\frac{\square}{3}=3\frac{\square}{3}=2\frac{\square}{3}=1\frac{\square}{3}$

7) $4=\frac{\square}{4}=3\frac{\square}{4}=2\frac{\square}{4}=1\frac{\square}{4}$

図21　分数(4)(小4−25)

あいです。

そして，もっとも工夫をしたのが，**図21**「分数（4)」(小4−25) のプリントでした。

$4\frac{3}{4}$を$\frac{19}{4}$に直すことはかんたんにできるのですが，$4\frac{1}{4}$を$3\frac{5}{4}$にはなかなかできません。そこでこの教材では，ふだんはほとんど使わない$4\frac{1}{4}=2\frac{\square}{4}$，$4\frac{1}{4}=1\frac{\square}{4}$までの練習をすることで，$4\frac{1}{4}$が$3\frac{5}{4}$とかんたんにできるようになることをねらったのでした。

8. 約分のポイント——最大公約数を一瞬で見つけるために

らくだ教材において，きわめて重要な単元のひとつが約分です。どうすれば約分ができるのか，そのやり方を知ってはいても，$\frac{24}{36}$のような分数の場合，$\frac{24}{36}=\frac{12}{18}=\frac{6}{9}=\frac{2}{3}$というようなやり方で答えを求める子どもがいます。

このやり方でやっていると，$\frac{24}{36}=\frac{6}{9}$が答えであると勝手に判断して，最後まで約分せずに，途中のまま計算をやめてしまう場合が多いのです。かと思えば，$\frac{26}{39}$や$\frac{38}{57}$のように，分母・分子の公約数に13や19という大きな素数が入っている場合に，これ以上は約分できないと判断しがちです。

その結果，異分母同士の複雑な分数計算のやり方を知っていても，また途中経過も間違いなくすべてできていても，最後の最後でさらに約分ができることに気がつかなかったばかりに，正解にならなくなってしまうのです。

かといって，**図22**のようなやり方で最大公約数を求めるようなことをやっても，もうこれ以上われないというところまでやらずに，途中までの計算（2×2×3のところを，2×2でやめてしまう）でそれが最大公約数だと思ってしまう場合もあります。

```
2) 24  36
2) 12  18
3)  6   9
    2   3

  2×2×3
```

図22

約分教材をつくる過程でいちばん考えたことは，「約分のやり方」を教えることではなく，ある分数を見たときに，「これはもっと約分できる」「もうこれ以上約分できない」と，そのとっさの判断ができるようにするためにはどうしたらいいのかということでした。

つまり，数感覚の養成です。$\frac{26}{39}$という分数を見たときに，「変だ」「落ちつきが悪い」という感覚を養うためには，まず2ケタのわり算がある程度のスピードでスラスラできないと，その感覚も身につかないと判断しました。そのため，約分教材の前には，2ケタのわり算に16枚もあてたのです。

たとえば245÷45＝のような問題で，どのような数をたてれば答えになるかという問題を考えるときに，わる数とわられる数の一の位を隠して，頭のなかで瞬時に24÷4＝6，45×6＝270という計算をしているのです。270では245より大きい数になってしまうから，24÷4＝6の6を1つ下げて，6→5にして45×5＝225。つまり，ここでは÷2ケタの計算をやっていながら，たし算・ひき算・かけ算・わり算を同時に，一瞬のうちにやっているのです。

たし算・かけ算と個別に1つずつスラスラできても，それを同時に処理するようになると，勝手が違ってスラスラはできなくなってしまう，そんな状態のまま，$\frac{26}{39}$という分数を見ても，この分数はもっとかんたんになるという判断さえできるわけがないのです。

そのため2ケタのわり算の単元では，数感覚を育成するために2ケタの問題ばかり64題を12分台でできることを，1つの目安として定めたのでした。

約分教材のプリントではすべてにわたって，99題を7分台でできることを目標にしました。

「約分（6)」(小4−38)（**図23**）は，約分に入って6枚めのプリントですが，このプリントで求めていることは一瞬に約分ができること。つまり，$\frac{24}{36}=\frac{12}{18}=\frac{6}{9}=\frac{2}{3}$との手順を踏んで正解を導くやり方ではなく，$\frac{24}{36}$から$\frac{2}{3}$へ一瞬のうちに答えを出すことを要求しているのです。そのために解答のスペースを狭くして，計算できる余

1） $\frac{6}{8}=$ ―― 10） $\frac{3}{39}=$ ――

※１度に約分しなさい

2） $\frac{18}{20}=$ ―― 11） $\frac{6}{51}=$ ――

3） $\frac{8}{30}=$ ―― 12） $\frac{51}{60}=$ ――

図23　約分(6)(小4−38)

1） $\frac{16}{24}=\frac{\square}{6}=\frac{\square}{3}$ 10） $\frac{10}{20}=$

※わけてしても、１度にしてもよい

2） $\frac{16}{24}=\frac{\square}{3}$ 11） $\frac{16}{20}=$

3） $\frac{4}{12}=\frac{1}{\square}$ 12） $\frac{6}{24}=$

図24　約分(4)(小4−36)

白をできるだけなくしました。

つまり，36と24という２数から共通の要素（最大公約数）を瞬時にぬきだす能力を育てることを目標にして，教材を制作しました。その結果，つぎのような教材の流れになったのです。

約分の導入プリント「約分（1)」（小4−33）では，$\frac{2}{6}=\frac{(\quad)}{3}$ と示して，その下に「分子と分母を２でわって約分しなさい」との指示を入れました。そして，1）から27）までは，分母・分子をすべて２でわるだけで答えの出る問題ばかり。28）から54）までは３でわるだけ。55）以降99）までには，２または３でわる問題を混ぜました。

２枚めのプリント「約分（2)」（小4−34）では，1）から27）までは２または５でわる問題，28）から54）までは３または５でわる問題，そして，55）以降99）までは２か３か５でわる問題。

３枚めのプリント「約分（3)」（小4−35）では，1）から18）までは２または７で，19）から36）までは３または７で，37）から54）までは５または７で，そして，55）以降99）までは２・３・５または７でわれる問題を入れたのです。つまり，３枚めまでは１回わるだけで答えが出る問題ばかりで構成しました。

そして，4枚めのプリント「約分（4)」（小4−36）からは，2・3・5または7で1回わるだけでは答えにならない問題も混ぜました。その導入は**図24**のようなぐあいです。1）から54）までの問題は，「わけてしても，1度にしてもよい」との指示を出し，55）以降は「なるべく1度で約分しなさい」としました。

5枚めのプリント「約分（5)」（小4−37）は，**図23**にある「約分（6)」（小4−38）とまるっきり同じ内容ですが，そこにヒントがついているのです。何でわれば一度で答えが出るのかがわかるように，1）の番号の脇に（÷2)，8）の脇には（÷3)。そして，それ以降も÷4，÷5，…，÷22，÷24，…，÷26，÷28，÷30でできる問題を順に並べてヒントをつけたのでした。

9. 異分母分数たし算のポイント
——最小公倍数を一瞬で見つけるために

約分教材では，最大公約数を一瞬で見つけられることを目的にして教材を制作しましたが，異分母同士のたし算教材では，最小公倍数を一瞬のうちに見つけられる，すなわち，共通分母がすぐに出せることを目的にして教材を制作しました。

異分母同士のたし算に入る前に，まず約分の逆から入り$\frac{1}{2}=\frac{2}{4}$というようなかたちで，倍分の練習をしてから，**図25**「分数のたし算（1)」（小5−7）のようなかたちでたし算の導入をおこないました。

ここでは単純に，分母と分母をかけるだけで共通分母を導き出せる問題ばかりを配列し，そこに倍分をおこなえば，同分母同士のたし算として計算できます。さらにその問題のなかでたした結果，約分をする必要のない問題，仮分数を帯分数にする必要のない問題だ

1) $\boxed{\frac{1}{2}+\frac{1}{3}}$ の計算をします。

$\frac{1}{2}=\frac{(\quad)}{6}$, $\frac{1}{3}=\frac{(\quad)}{6}$ となるから

$\frac{1}{2}+\frac{1}{3}=\frac{3}{6}+\frac{(\quad)}{6}=\frac{(\quad)}{6}$

図25　分数のたし算(1)(小5−7)

```
2 ) 12  18
3 )  6   9
     2   3
```

$2\times3\times2\times3$
$=36$

図26

けに限ったのでした。

そして，2枚めのプリント「分数のたし算（2)」（小5-8）では，仮分数を帯分数にする必要のある問題を入れましたが，ここではまだ約分の必要な問題は入れていません。

そして，3枚めのプリント「分数のたし算（3)」（小5-9）に最小公倍数を求めるための問題をつくりましたが，ここでの目的は，2数を見たときに，**図26**のようなやり方で最小公倍数を見つけるのではなく，12と18を見て，見た瞬間に最小公倍数が36とわかってしまうような能力を要求しました。

12と18のうち18が大きい数ですから，その数を2倍3倍としていきながら，18を何倍すれば12でわれるかという計算を瞬時のうちにおこなって，36という数を求めるのです。

そのため，**図27**「分数のたし算（4)」（小5-10）にあるように，分数計算に入る前に，まず最小公倍数を見いだす練習をしました。それから分数計算に入る形式のプリントにしたのです。そうすれば，$\frac{1}{6}+\frac{1}{9}=$ という分数計算をおこなう場合でも，事前に最小公倍数を発見していますから，分母が何になるかすでにわかっているという前提で，問題にとりくむことができます。

1）最小公倍数を求めなさい

1）（6，9）→（　　）

2）（6，8）→（　　）

3）（4，6）→（　　）

4）（8，10）→（　　）

2）次のたし算をしなさい

1）$\frac{1}{6}+\frac{1}{9}=\frac{3}{18}+\frac{(\quad)}{18}=\frac{(\quad)}{18}$

2）$\frac{5}{6}+\frac{1}{9}=\frac{(\quad)}{18}+\frac{(\quad)}{18}=$

3）$\frac{1}{6}+\frac{1}{8}=\frac{(\quad)}{24}+\frac{(\quad)}{24}=$

※最小公倍数を分母に使って計算しなさい

図27　分数のたし算(4)(小5−10)

このように，一瞬のうちに共通分母を発見する練習をして，そこから分数計算に入っていくというのが，この単元の基本的な流れです。

この「分数のたし算（4)」では真分数同士のたし算（約分なし)，「分数のたし算（5)」(小 5−11）では真分数同士のたし算（約分あり)，このかたちが「分数のたし算（7)」(小 5−13）まで 3 枚続いて，同（8)（小 5−14）は真分数同士のたし算（答えの仮分数をまず帯分数に直してから約分)，同（9)（小 5−15）では帯分数同士のたし算（約分あり）という要素を加えていきました。

そこで再度「分数のたし算（11)」(小 5−17）では，すべてを最小公倍数だけを求めるための問題にして，「分数のたし算（12)」(小 5−18）以降，最小公倍数を求めるにしても 2 数のうち大きい方の数を 2 倍 3 倍どころか，4 倍 5 倍しなければ共通分母を求められない問題も入れたのでした。問題数もプリント 1 枚あたり 45 題から 50 題へと増え，目安時間も（11）からはすべて 12 分としました。

こんな学習体験を重ねていくなかで，おもしろい現象が起こるこ

とに気がつきました。約分や異分母同士のたし算あたりの単元を通過するころに，子どもがさまざまなことに興味をもちだし，積極的になりはじめるのです。

いままで受験に興味なかった子どもが自分からすすんで私立を受けたいと言いだしたり，ほかのおけいこごとにも行きはじめたりと，1人の子どもがいくつものことを同時にこなしていくようになる場合が多いのです。当時，中学2年だった私の息子も，このあたりの単元を学習するようになったころから，きわめて積極的に活動をするようになっていきました。学校のクラブ活動，児童館活動，テニススクール，地域の子ども会等と信じられないほどのスケジュールを軽々とこなすようになっていました。

2ケタのわり算から，約分（最大公約数）や異分母同士のたし算（最小公倍数）にかけての単元は，たし算・ひき算・かけ算・わり算の4つの要素を同時に使って瞬時に答えを出せないかぎり，スラスラできるようにはならないわけですから，この単元がスラスラできるようになることで，同時にいくつものことがこなせる（情報処理能力）ようになっても不思議な気はしませんでした。

そればかりか，この単元がスラスラできるようになることが，つぎのような能力の開発にもつながると思ったのです。

約分（最大公約数）と異分母同士のたし算（最小公倍数）の単元は，異なる2つの数から，共通の要素（最小公倍数や最大公約数）をひきだす能力ですから，これは異なった2つの情報から似たもの（相似律）を感じとって結びつけ，新しいものを生み出す（創造性）能力開発につながる，と。

10. 分数のかけ算・わり算のポイント――分数と小数

らくだ算数教材では，異分母分数のたし算教材は 14 枚（小 5-7 ～ 20）ありますが，異分母分数のひき算教材はわずか 3 枚（小 5-22 ～ 24）しかありません。同様に，分数のかけ算教材 6 枚（小 5-26 ～ 31）に対して，わり算教材はわずか 2 枚（小 5-32 ～ 33）。そしてかけ算・わり算のまとめが 1 枚（小 5-34）という配分になっています。

なぜこのようにかけ算の枚数が多いのかといえば，分数のかけ算・わり算のポイントは，小数を分数に直せるかどうかにあるからです。ですから，かけ算教材 6 枚のうち，純粋に分数のかけ算のしくみを学習するプリントはわり算同様 2 枚だけ。残り 4 枚は，小数を分数に直すプリントになっています。

らくだ教材をやってきた子どもの場合，分数のかけ算に入るまでに，帯分数を仮分数に直すことや約分が完璧にできる状態になっています。そういう状態で分数のかけ算・わり算の単元に入るのですから，分数のかけ算がスラスラできるかどうかは，小数を分数にすぐに直せるかどうかで決まります。

異分母分数のたし算の場合には，最小公倍数の発見がスラスラできるかどうかが重要なポイントでしたが，分数のかけ算・わり算ではそのポイントは，「小数を分数にすぐに直せる」ことにあったのでした。

教材の流れにそって説明します。**図 28**「分数のかけ算（1)」（小 5-26）のように，まず約分の必要がないかけ算から導入し，真分数×真分数，帯分数×真分数，真分数×帯分数，真分数×整数，

例）$\dfrac{2}{3} \times \dfrac{4}{5} = \dfrac{8}{15}$

例）$\dfrac{6}{7} \times \dfrac{2}{9} = \dfrac{{}^{2}\cancel{6} \times 2}{7 \times \cancel{9}_{3}} = \dfrac{4}{21}$

とちゅうで約分して計算しなさい

1）$\dfrac{3}{5} \times \dfrac{2}{7} =$

2）$\dfrac{3}{8} \times \dfrac{1}{5} =$

3）$\dfrac{2}{7} \times \dfrac{5}{9} =$

14）$\dfrac{9}{10} \times \dfrac{1}{6} = \dfrac{{}^{3}\cancel{9} \times 1}{10 \times \cancel{6}_{2}} =$

15）$\dfrac{4}{7} \times \dfrac{5}{6} =$

図28　分数のかけ算(1)(小5－26)

帯分数×整数と続き，2列目から約分の必要なかけ算が入ってきます。

そして，2枚めのプリント「分数のかけ算（2)」（小5–27）で初めて，帯分数×帯分数。この2枚のプリントだけで，なんなく分数のかけ算のやり方はマスターしてしまうのですが，問題は小数×分数です。

らくだ教材では，分数のかけ算が出てくるまで，いっさい小数は学習していません。たし算を完全にマスターしてひき算に入れば，ひき算がかんたんにマスターできるように，小数の単元もまず分数を完全にマスターしてから小数を学べば楽という考え方にたっているからです。しかし，この分数のかけ算のところで小数が一部だけ登場しています。

ただし，ここでは小数の単元として扱っているわけではありません。小数の加減乗除については，小6の四則混合計算の前のところでまとめて扱っています。つまり，この分数のかけ算のところでは，あくまで小数を分数に直すことにポイントがおかれているのです。

「小数から分数に直す」といっても，ここで初めて小数が出てく

わり算をして分数を小数になおしなさい

1）$\frac{2}{5}=$　$5\overline{)2.0}$（商 0.4）　　16）$\frac{1}{10}=$

2）$\frac{3}{5}=$　$5\overline{)3.0}$（商 0.□）　　17）$\frac{3}{10}=$

3）$\frac{4}{5}=$　　18）$\frac{4}{10}=$

4）$\frac{6}{5}=$　　19）$\frac{2}{10}=$

図29　分数のかけ算(3)（小5－28）

やり方（1）

$$10.75=\frac{\not{1075}}{\not{100}}=\frac{43}{4}$$

（約分：1075 → 215 → 43，100 → 20 → 4）

やり方（2）

$$10.75=10\frac{75}{100}=10\frac{3}{4}$$

$$=\frac{43}{4}$$

図30

るわけですから，小数がどんな数かもわかりません。ですから，小数から分数に直すことはかんたんにはできませんので，分数を使って小数への導入をしています。

「分数のかけ算（3)」（小 5−28）のプリントでは，かけ算を使って「分数から小数に直す」問題ばかりを学習します（**図 29**）。そして，つぎのプリントでその逆「小数から分数に直す」をおこなうわけです。

この段階では小数から分数に直すといっても，1）$0.2=\frac{2}{10}$　6）$0.15=\frac{15}{100}$　18）$0.004=\frac{4}{1000}$ というやり方で導入していますから，このやり方しか知らないと**図 30** のような問題の場合，やり方（1）のように約分にかなりの時間がかかる結果になってしまいます。

ですから，やり方（2）のように小数をまず帯分数に直して約分してから，その後で仮分数に直すというやり方を学習するのです。つまり，12.5 とか 3.75 という小数を見れば，頭のなかに 0.5 から $\frac{1}{2}$ が，0.75 から $\frac{3}{4}$ という分数がすぐに浮かび，

$$12\frac{1}{2}=\frac{25}{2},\quad 3\frac{3}{4}=\frac{15}{4}$$

というプロセスをへて，仮分数を導くことが可能な教材のつくり方になっているのです。

そのためには，0.2，0.4，0.6，0.8，0.25，0.5，0.75，0.125，0.375，0.625，0.875 のような小数を見た場合に，すぐに

$$\frac{1}{5},\ \frac{2}{5},\ \frac{3}{5},\ \frac{4}{5},\ \frac{1}{4},\ \frac{1}{2},\ \frac{3}{4},\ \frac{1}{8},\ \frac{3}{8},\ \frac{5}{8},\ \frac{7}{8}$$

という分数が浮かぶ状態になっていなくてはなりません。

こんな過程をへて分数のかけ算を学習することによって，たとえば $1\frac{3}{7}\times 1.875$ という計算でも，

$\frac{10\times 1875}{7\times 1000}$ というやり方ではなく，

$\frac{10\times 15}{7\times 8}$ というやり方でかんたんにできるようになってしまうのです。

このように，分数のかけ算・わり算教材の単元では，「小数を分数に簡単に直せる」というところにポイントを絞って，教材をつくったのでした。